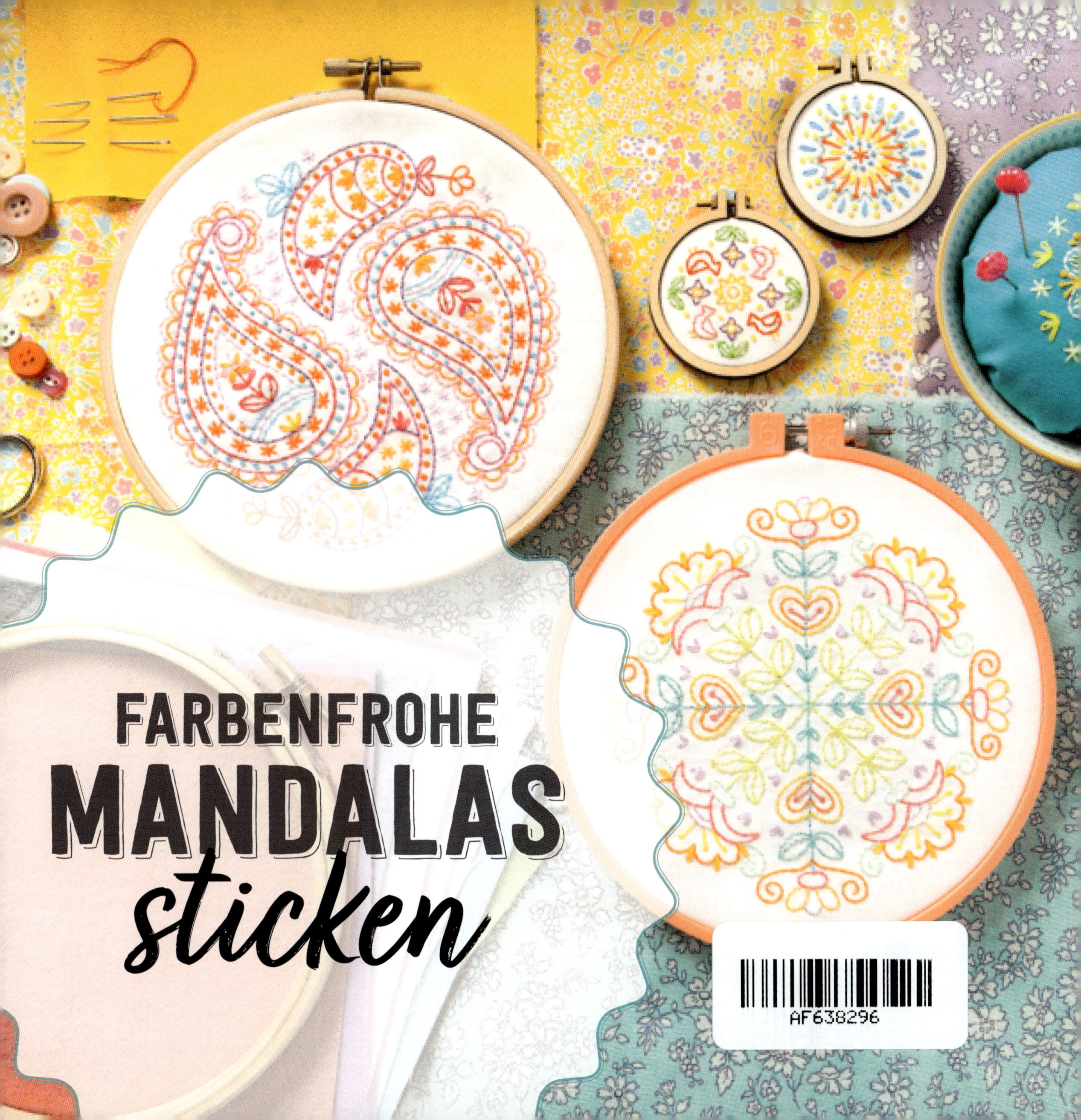

FARBENFROHE MANDALAS *sticken*

AF638296

Impressum

Originalausgabe unter dem Titel „Mandalas to Embroider" (2018)
erschienen bei:
Search Press Limited
Wellwood, North Farm Road,
Tunbridge Wells, Kent TN2 3DR

Stichzeichnungen, Seiten 10–14: Bess Harding
Fotos, Mandalas und Seiten 16–17: Stacy Grant
Fotos, Nahaufnahmen und Seite 9: Paul Bricknell

Für die deutsche Ausgabe:
Verantwortlich: Maria Möllenkamp
Lektorat: Anne Köhler
Korrektorat: Christiane Gsänger
Übersetzung: Dr. Katrin Korch, www.literatur-und-mehr.de
Satz: Silke Schüler
Umschlaggestaltung: Irina von Feury
Herstellung: Kathleen Baumann
Printed in China

★★★★★

Sind Sie mit diesem Titel zufrieden? Dann würden wir uns über Ihre Weiterempfehlung freuen. Erzählen Sie es im Freundeskreis, berichten Sie Ihrem Buchhändler oder bewerten Sie bei Onlinekauf. Und wenn Sie Kritik, Korrekturen, Aktualisierungen haben, freuen wir uns über Ihre Nachricht an: Christian Verlag, Postfach 40 02 09, D-80702 München oder per E-Mail an: lektorat@verlagshaus.de.

Widmung

Für Tony.
Love, love, love.

Kreativ-Service

Sie haben Fragen zu den Büchern und Materialien? Frau Erika Noll ist für Sie da und berät Sie rund um alle Kreativthemen. Rufen Sie an! Wir interessieren uns auch für Ihre eigenen Ideen und Anregungen.

Sie erreichen Frau Noll per E-Mail:
kreativ-service@c-verlag.de
oder Tel.: 0049 - 89-1306 99-577

Besuchen Sie uns im Internet:
www.christophorus-verlag.de

Die Deutsche Nationalbibliothek verzeichnet diese Publikation in der Deutschen Nationalbibliografie; detaillierte bibliografische Daten sind im Internet über http://dnb.d-nb.de abrufbar.

Infanteriestraße 11a
80797 München

ISBN 978-3-8410-6683-1

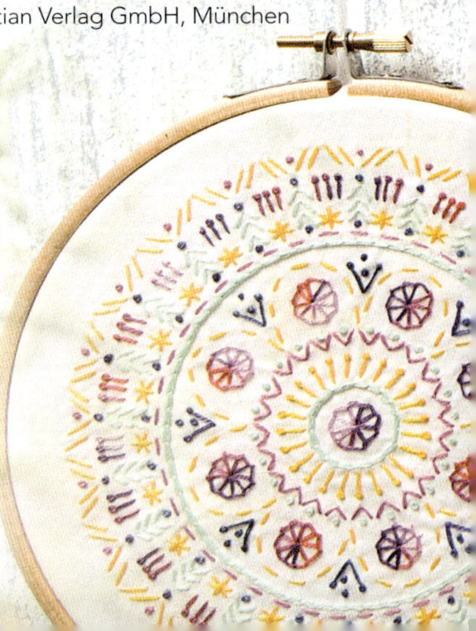

Carina Envoldsen-Harris

FARBENFROHE MANDALAS sticken

Bezaubernde Motive für Kleidung & Accessoires

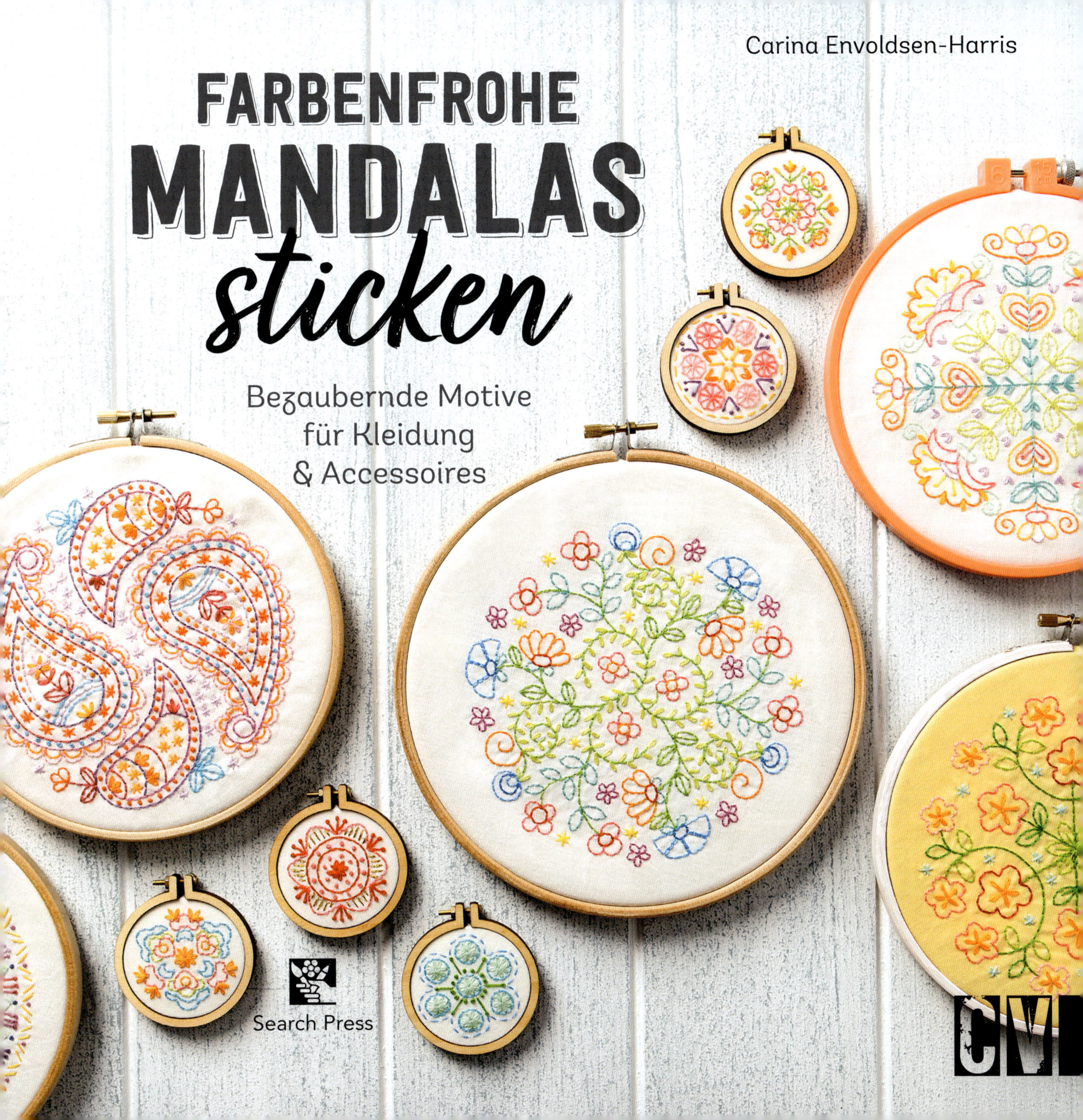

Search Press

Inhalt

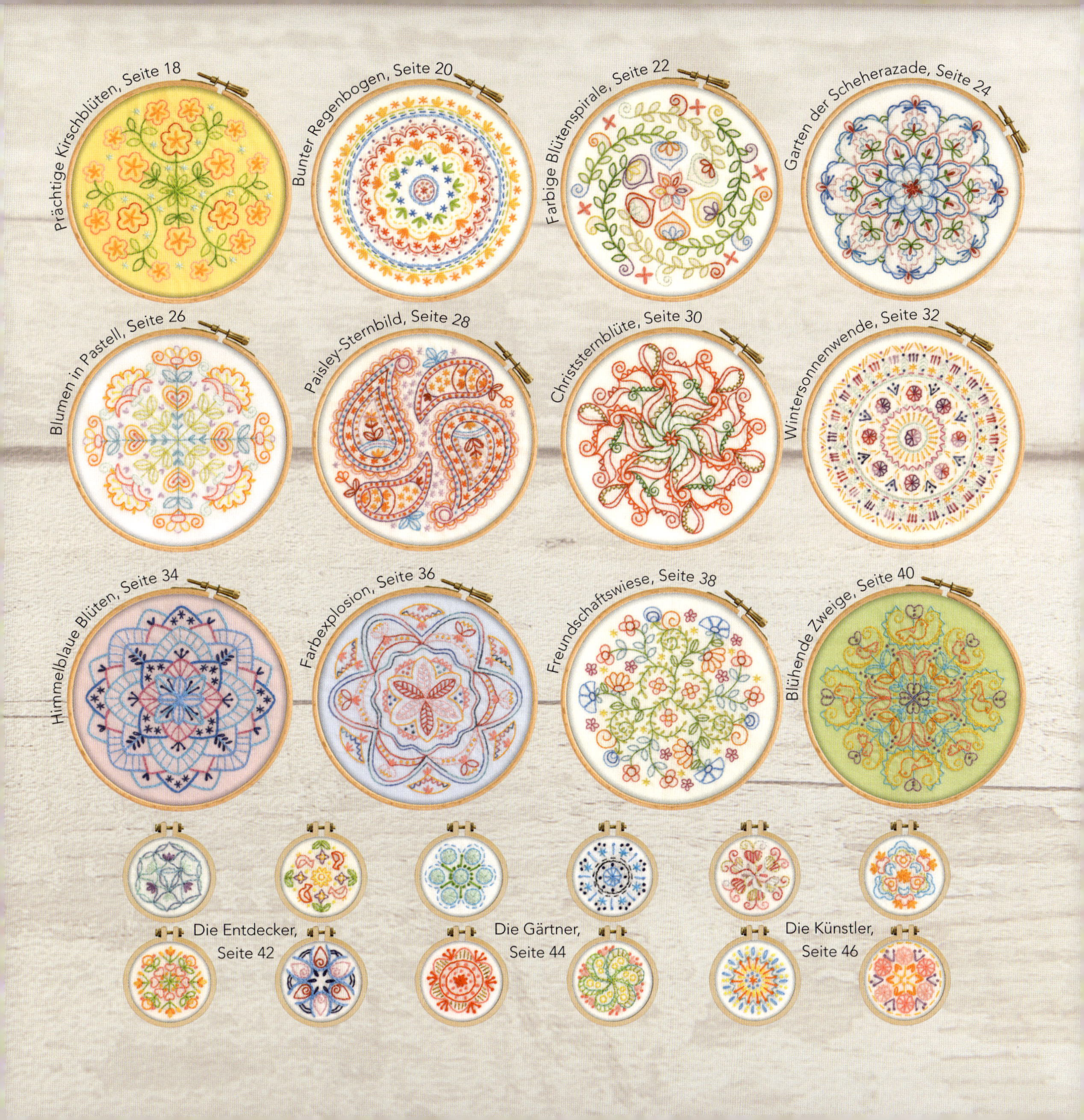
Prächtige Kirschblüten, Seite 18
Bunter Regenbogen, Seite 20
Farbige Blütenspirale, Seite 22
Garten der Scheherazade, Seite 24
Blumen in Pastell, Seite 26
Paisley-Sternbild, Seite 28
Christsternblüte, Seite 30
Wintersonnenwende, Seite 32
Himmelblaue Blüten, Seite 34
Farbexplosion, Seite 36
Freundschaftswiese, Seite 38
Blühende Zweige, Seite 40
Die Entdecker, Seite 42
Die Gärtner, Seite 44
Die Künstler, Seite 46

Einleitung

Das Wort »Mandala« kommt aus dem Sanskrit und bedeutet »Ring«. Heutzutage wird damit vor allem in der Kunst und im Kunsthandwerk oft allgemein ein konzentrisch angeordnetes oder von einem Mittelpunkt ausgehendes Muster bezeichnet.

Im Hinduismus und Buddhismus ist das Mandala ein wichtiges Ritual und spirituelles Symbol, das für das Universum und das unendliche Leben steht. Die einzelnen Teile des Mandalas haben unterschiedliche symbolische Bedeutungen. Der äußere Ring ist normalerweise ein Ring des Feuers, der für Transformation und Weisheit steht. Eine quadratische Struktur in der Mitte ist ein Tempel, der die Essenz von Buddha enthält. Der Tempel hat vier Tore, die für verschiedene Vorstellungen stehen, einschließlich der vier Himmelsrichtungen Norden, Osten, Süden und Westen.

Rituelle Mandalas sind eine visuelle Konzentrations- und Meditationshilfe, die zu einer umfassenderen Wahrnehmung der Welt im physischen und spirituellen Sinn verhelfen sollen. Berühmt sind die tibetanischen Mönche, die mehrere Wochen lang Mandalas aus buntem Sand anlegen und diese dann in einer Lehrstunde zur Unvollkommenheit des Lebens zerstören lassen.

Auf der ganzen Welt sind Mandalas weniger aus spirituellen Gründen beliebt, sondern vielmehr als kreative Tätigkeit und zur Dekoration. Das Zeichnen von Mandalas ist entspannend und manchmal auch meditativ.

Sticken ist nicht nur eine Möglichkeit, Kleidung zu verzieren, sondern genauso entspannend und meditativ. Sich ganz auf die Stiche zu konzentrieren, beruhigt. Dabei tritt der Rest der Welt für ein paar Minuten oder Stunden in den Hintergrund.

In diesem Buch findest du 24 von Mandalas inspirierte Motive, die alle auf Stoff gestickt wurden, wie du auf den Seiten 18–47 sehen kannst. Am Ende des Buchs werden die Motive auch auf Bügelfolie zum Herauslösen bereitgestellt. Hinweise zu den verwendeten Farben und Stickstichen findest du bei der jeweiligen Anleitung, sie sollen aber nur eine Anregung sein – zögere nicht, mit eigenen Farb- und Stichkombinationen zu experimentieren.

Oder warum dekorierst du nicht fertige oder selbst genähte Kleidungsstücke und Accessoires? Auf der rechten Seite siehst du ein paar Vorschläge für verschiedene Stickprojekte.

Wenn du noch unerfahren im Sticken bist, lies zuerst die Kapitel am Anfang des Buchs, wo du erfährst, wie man die zehn Grundstiche, die für die Modelle in diesem Buch verwendet wurden, stickt. Dort findest du auch Tipps zur Materialauswahl, zum Übertragen der Motive und zur Verwendung der Stickringe. Wenn du einen bestimmten Stich noch nicht beherrschst, solltest du ihn zuerst auf einem Stück Stoff üben, bevor du mit einem Projekt beginnst.

Ich hoffe, du genießt eine ruhige Zeit beim Sticken dieser Mandalamotive und natürlich auch das Endergebnis, gleich ob du es für dich selbst oder für jemand anderen machst.

Viel Freude beim Sticken!
Carina

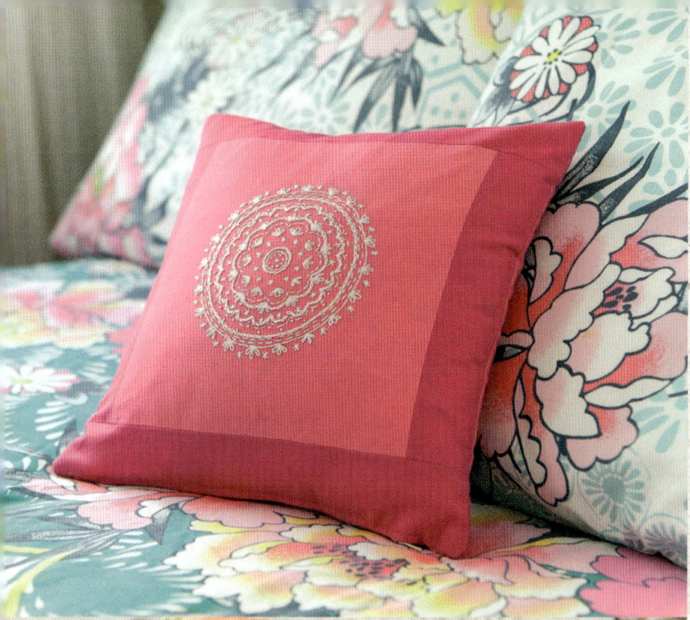

Verziere Kleidungsstücke wie T-Shirts, Röcke oder auch die Rückseite einer Jacke mit diesen hübschen Mandalas. Einfarbige Stoffbeutel eignen sich besonders gut.

Vielleicht möchtest du auch selbst Motive entwerfen? Es gibt viele Möglichkeiten, Kissenbezüge zu verschönern. Oder sticke mehrere große Motive in einer Farbpalette und nähe die Teile zu einem Quilt zusammen. Mini-Mandalas eignen sich prima für die Brusttaschen von Hemden oder für Handyhüllen. Und natürlich kann man sie mit Mini-Stickringen auch als Broschen oder Kettenanhänger verwenden.

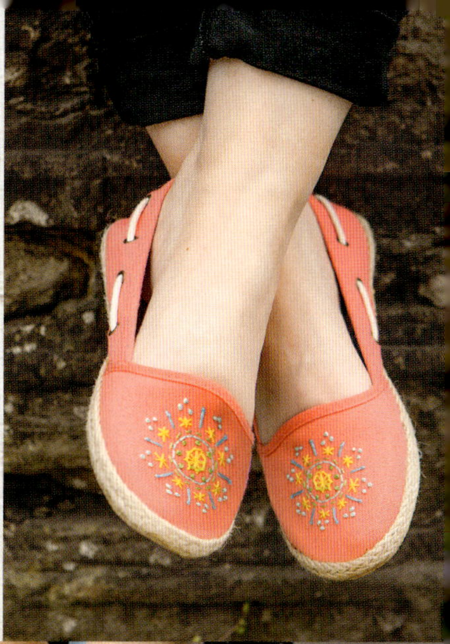

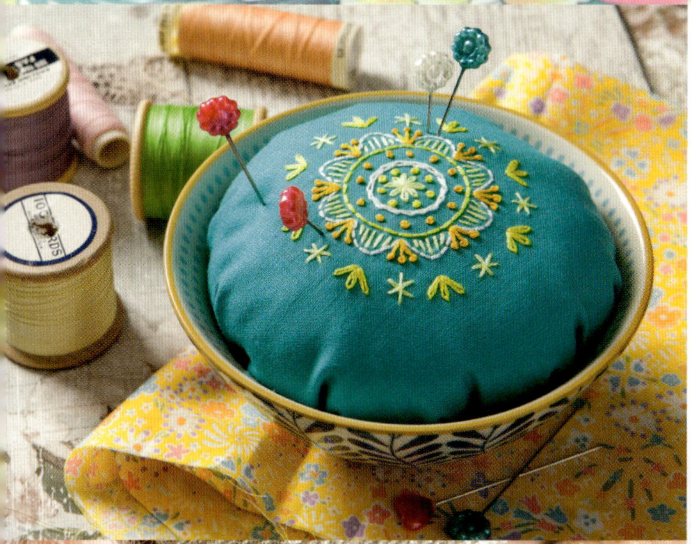

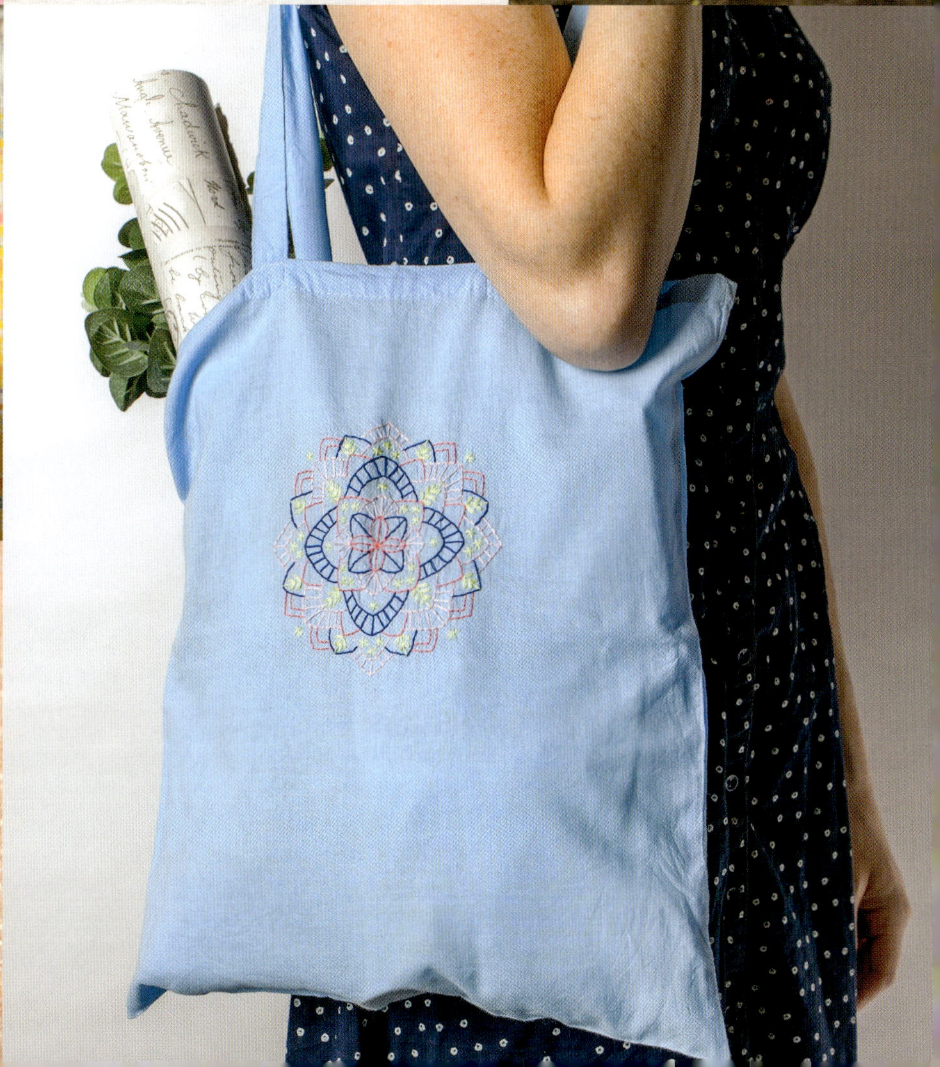

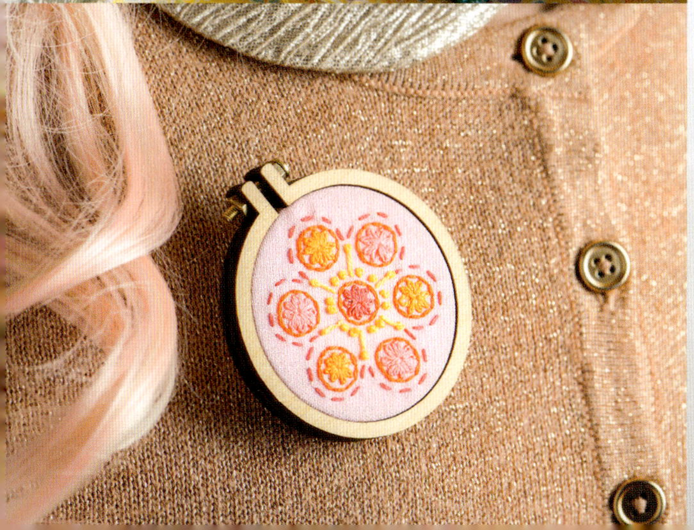

Material

Zum Sticken brauchst du keine große Ausrüstung, nur etwas Stoff, Garn, Nadeln, einen Stickring und eine Schere – das ist alles.

Nadeln

Für die meisten Stickarbeiten eignen sich **Sticknadeln (1)** am besten. Dies sind dünne, spitze Nadeln mit großem Öhr. Es gibt sie in den Größen 1–10; je höher die Zahl, desto feiner ist die Nadel. Als Faustregel gilt, dass man dünnere Nadeln und dünnes Garn für feinere Stoffe verwendet und dickere Nadeln für festere Stoffe. Chenillenadeln eignen sich für dickes Garn; Modistennadeln sind praktisch, wenn man viele Knötchenstiche sticken möchte.

Garne

Für die Modelle in diesem Buch habe ich **Stickgarn von DMC** verwendet **(2)**. Dies gibt es in vielen Farben, die lichtecht sind, und die Stränge können je nach Bedarf und Stoff in Einzelfäden geteilt werden. Alle Modelle wurden mit zwei Fäden gestickt. Nimm für festeren oder gewebten Stoff dickeres Garn, damit die Stiche nicht zwischen den Webfäden des Stoffes verschwinden. Wenn du magst, verwende andere Garnmarken oder -arten, etwa Seide, Perlgarn, Tapisseriewolle oder Sashiko-Garn oder sticke mit Strick- oder Häkelgarn.

Stoffe

Die Modelle in diesem Buch wurden auf **Baumwollstoff (siehe unten)** gestickt, aber du kannst auf allem, in das du eine Nadel stechen kannst, sticken – Papier, Pappe oder sogar Holz. Bedenke bei der Stoffauswahl, dass die Transferfolie nicht für jeden Stoff geeignet ist. Die besten Ergebnisse erzielt man hier mit hellen, gleichmäßig gewebten Stoffen wie Baumwolle oder einer Mischung aus Baumwolle und Leinen.

Fadenconditioner/Fadenwachs

Ein Fadenconditioner ist prima, wenn man mit Metallic- oder anderem Spezialgarn arbeitet **(3)**. Er erleichtert auch das Trennen der Einzelfäden und verhindert, dass sich der Faden verdreht und verknotet.

Stickring

Ein **Stickring** (manchmal auch Stickrahmen genannt) hält den Stoff straff, sodass die Stiche gleichmäßig werden und der Stoff keine Falten wirft **(4)**. Normalerweise sind die Ringe aus Holz, manchmal auch aus Kunststoff. Es gibt sie in unterschiedlichen Größen, wobei der Durchmesser in Zentimetern angegeben wird. Verwende einen Ring, der rundum 2,5–5 cm größer als das Motiv ist, damit du ihn nicht verschieben musst. Nimm den Stoff immer aus dem Ring heraus, wenn du weißt, dass du eine Zeitlang nicht mehr daran stickst. Bleibt er im Ring, kann dieser im Stoff dauerhafte Spuren hinterlassen. Ich habe auch **Mini-Stickringe** verwendet **(5)**, um kleine Motive zu sticken und sie in Schmuckstücke zu verwandeln.

Weiteres nützliches Material

Stickschere (6) Sie sollte immer schön scharf sein.

Wasserlöslicher Stoffstift (7) Zum Aufzeichnen der Motive auf den Stoff (siehe Seite 48)

Lineal oder Maßband (8) Zum Ausmessen des Stoffs

Zickzackschere (9) Für hübsche Stoffkanten

Stoffschere (10) Zum Schneiden von Stoff

Baumwollband (11) Nützlich zum Einlegen des Stoffs in den Stickring

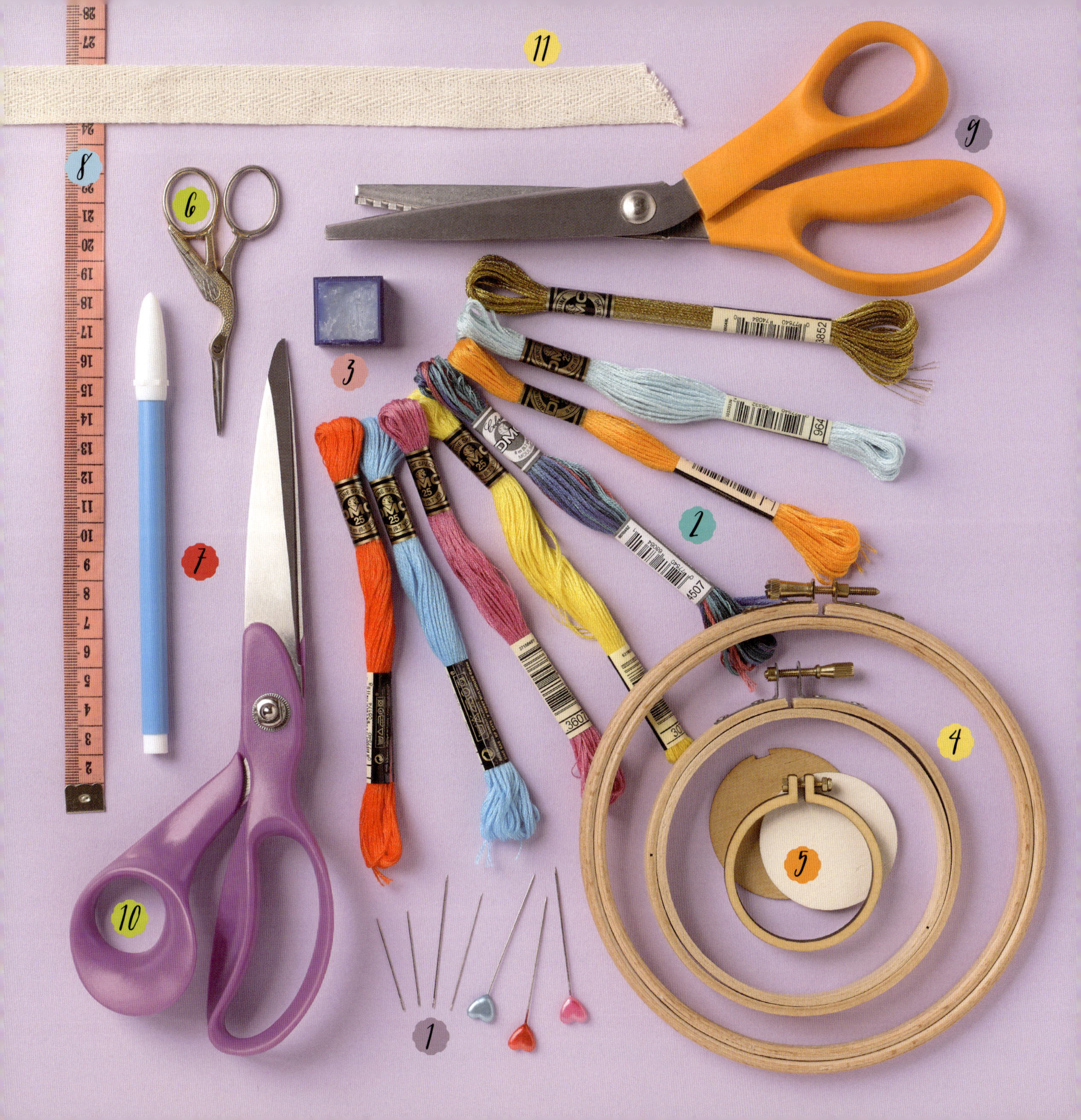
11
9
8
6
3
2
7
4
5
10
1

Stickstiche – so geht's

Für die Motive in diesem Buch wurden zehn verschiedenen Stickstiche verwendet. Wenn du sie einmal erlernt hast, kannst du bei den Mandalas auch mit allen möglichen Stichkombinationen experimentieren – du wirst überrascht sein, wie unterschiedlich ein und dasselbe Muster wirkt, wenn es mit verschiedenen Stichen gestickt wird.

Anfangen

Den Faden in die Nadel fädeln und einen Knoten in das Ende machen. Von oben in den Stoff einstechen und die Nadel durchziehen. Etwa 2 cm neben der ersten Einstichstelle (**1**) wieder von unten nach oben stechen, wo das Motiv beginnen soll. Jetzt mit dem Motiv fortfahren (**2**).

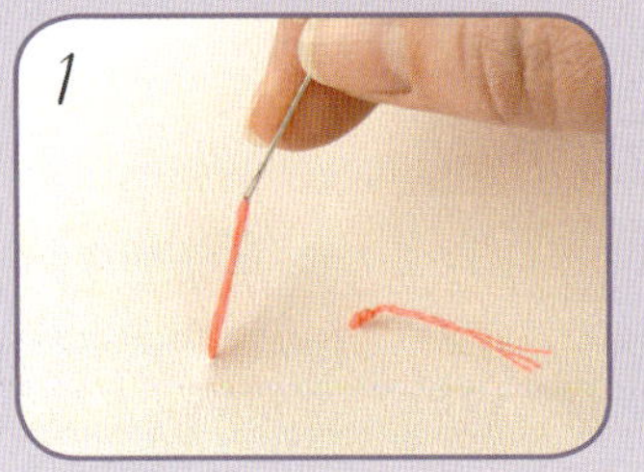

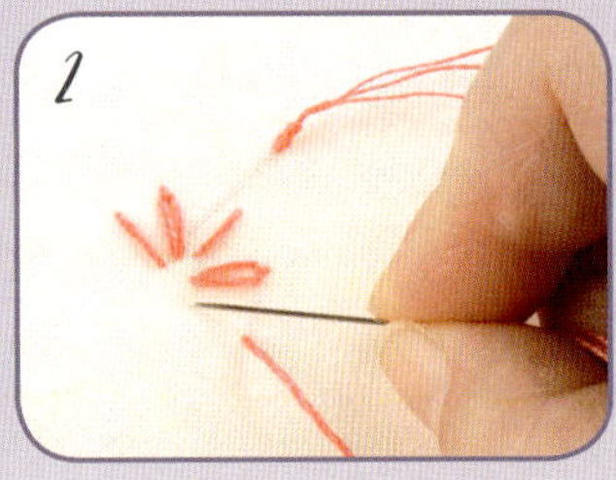

Den Faden verknoten

Wenn das Motiv fertig ist, den Faden auf der Rückseite durch die Stiche vernähen und dann das Ende abschneiden (**1**). Die Arbeit wieder umdrehen und vorne den Knoten abschneiden (**2**).

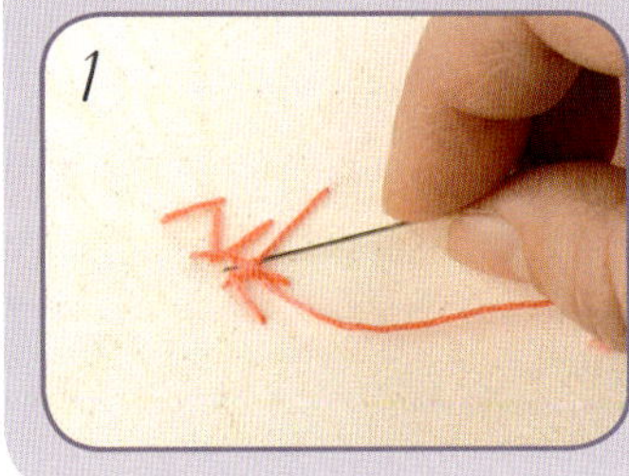

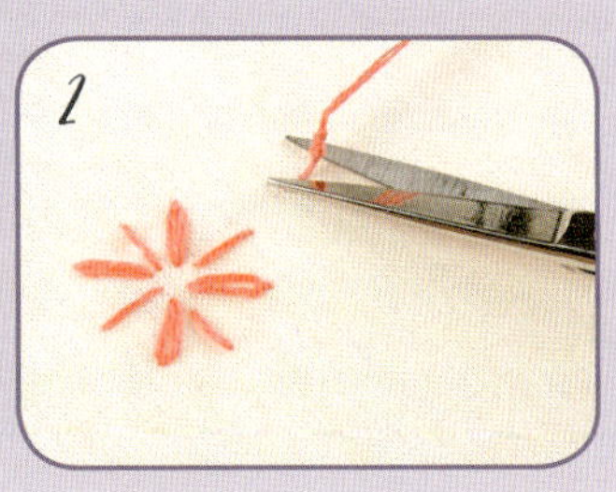

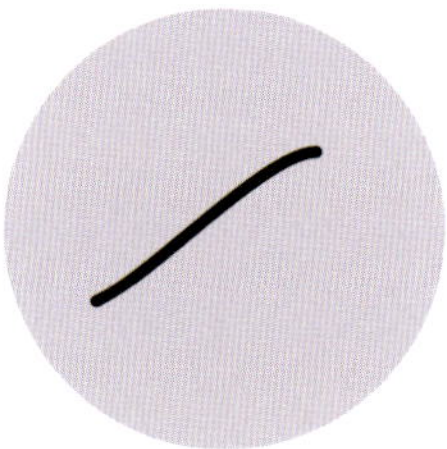

Rückstich

Dies ist der wichtigste Stich in diesem Buch, mit ihm arbeitet man gerade oder geschwungene schmale Linien. Daher wird er für die Konturen der Mandalas verwendet.

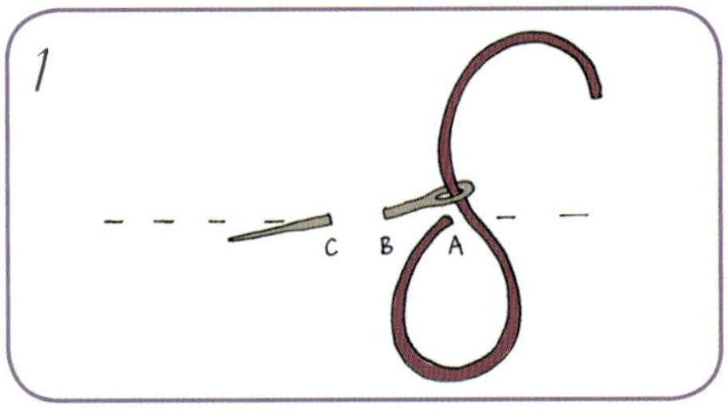

Mit der Nadel an Punkt A von unten nach oben durch den Stoff stechen, an Punkt B einstechen und an Punkt C wieder ausstechen.

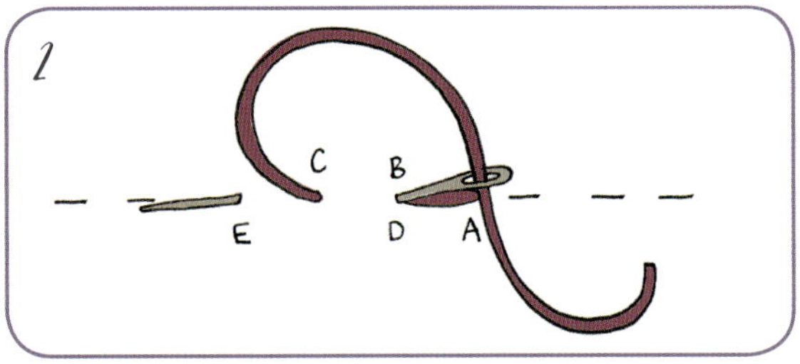

Mit der Nadel wieder an Punkt B (D) einstechen und an Punkt E ausstechen. Achte darauf, dass die Stiche immer gleich lang sind. Auf diese Weise fortfahren. Am Schluss den Faden auf der Rückseite vernähen.

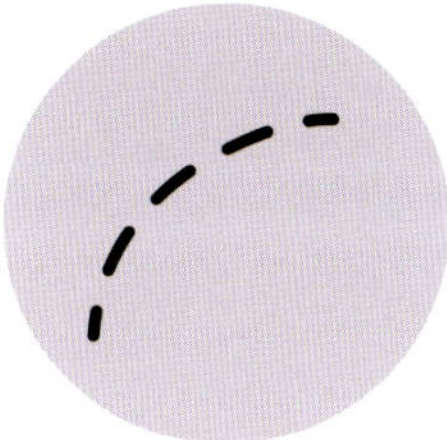

Vorstich

Ein einfacher Stich für dekorative unterbrochene Linien. Achte darauf, dass die Stiche – und die Abstände dazwischen – immer gleich lang sind.

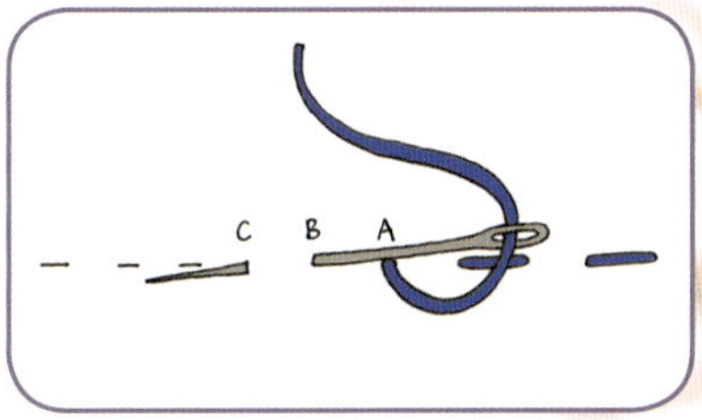

Mit der Nadel an Punkt A von unten nach oben durch den Stoff stechen, dann an Punkt B einstechen und an Punkt C wieder ausstechen. Auf diese Weise fortfahren.

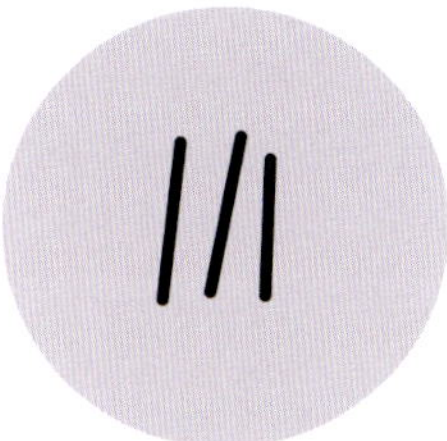

Flachstich

Er wird zum Füllen von Blütenblättern und Blättern oder auch für kurze parallele Linien verwendet.

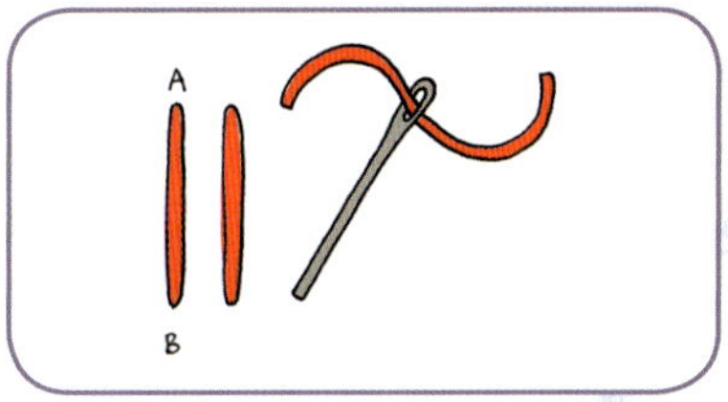

Mit der Nadel an Punkt A von unten nach oben durch den Stoff stechen und an Punkt B wieder einstechen. Wenn eine Reihe Flachstiche gestickt werden soll, darauf achten, dass sie – ebenso wie der Abstand dazwischen – gleich groß sind.

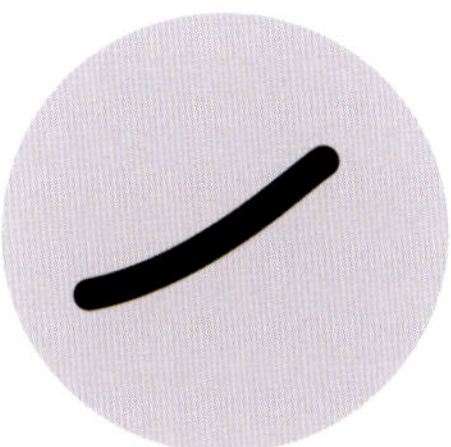

Kettenstich

Arbeitet man die Stiche dicht an dicht, so kann man mit dem Kettenstich breite Konturen sticken.

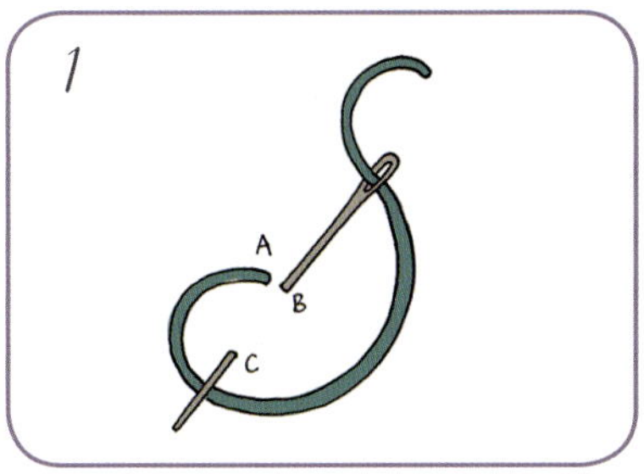

An Punkt A von unten nach oben durch den Stoff stechen, mit dem Garn eine Schlinge legen, an B ein- und an C wieder ausstechen.

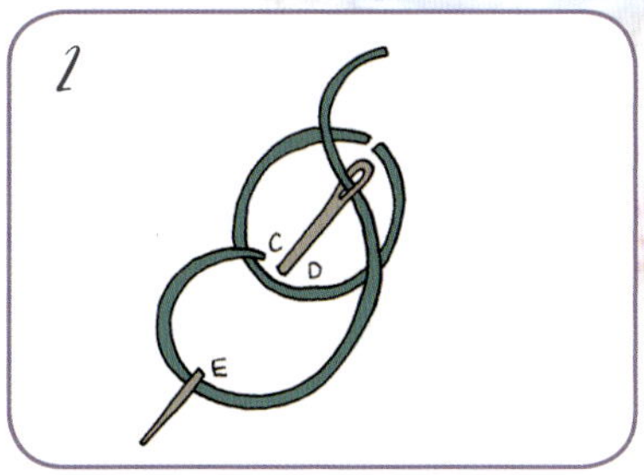

An Punkt D, knapp neben der Ausstichstelle C, wieder einstechen, eine Schlaufe formen und an Punkt E ausstechen. Faden festziehen.

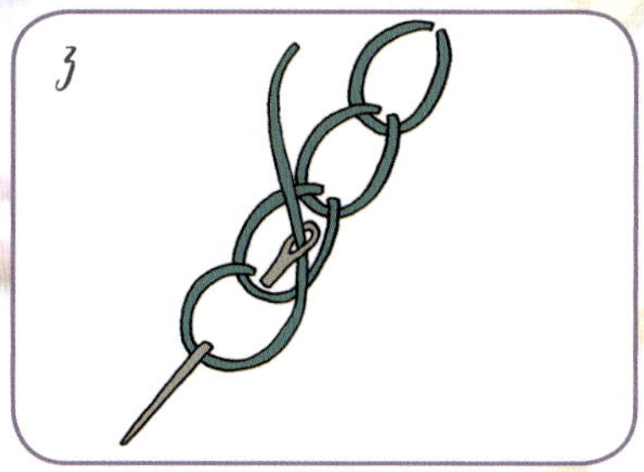

So viele Stiche wie gewünscht ausführen und darauf achten, dass sie gleichmäßig werden. Mit einem kleinen Flachstich beenden.

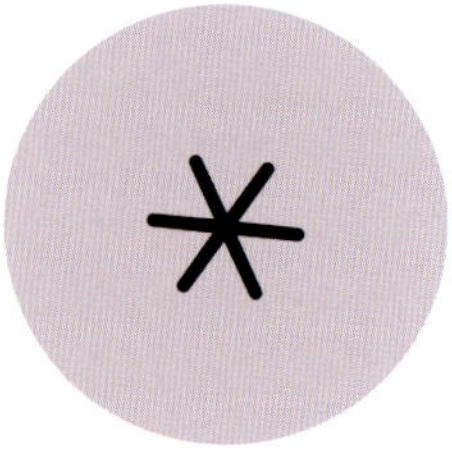

Sternstich

Mit diesem dekorativen Stich kann man Formen ausfüllen oder Sterne aufsticken und so dem Motiv Farbtupfer verleihen.

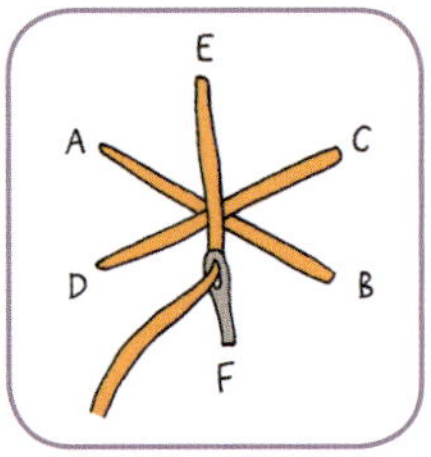

Mit der Nadel an Punkt A von unten nach oben durch den Stoff stechen, dann an B ein- und an C wieder ausstechen. Nun an Punkt D einstechen, sodass eine flache Kreuzform entsteht, dann an Punkt E wieder aus- und an F einstechen – fertig ist der Stern.

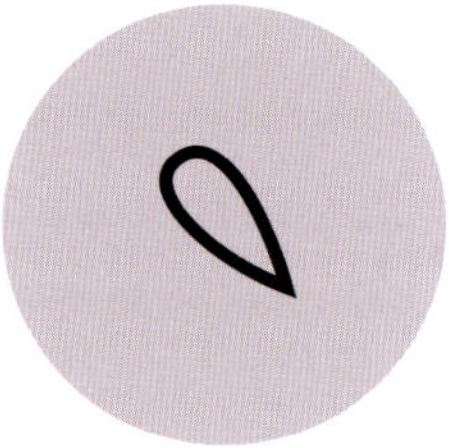

Margeritenstich

Dieser Margeritenstich besteht aus fünf Kettenstichen, mit denen sich hübsche kleine Blätter und Blütenblätter sticken lassen.

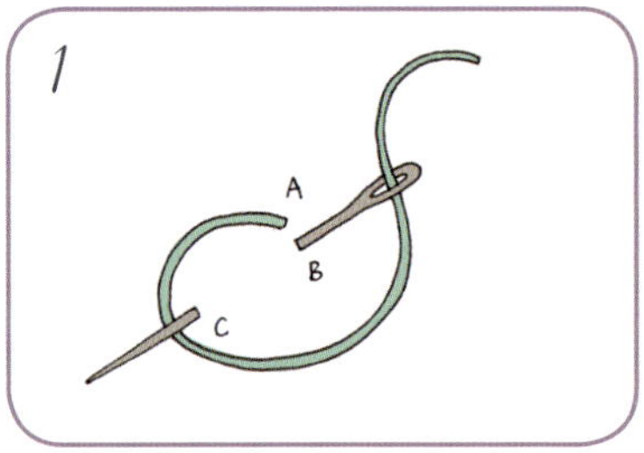

An Punkt A von unten nach oben durch den Stoff stechen, das Garn zu einer Schlaufe legen, an B ein- und an C wieder ausstechen.

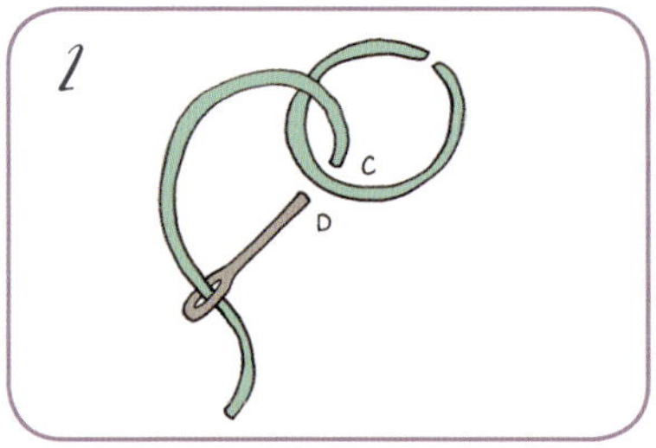

Mit der Nadel an Punkt D wieder einstechen – darauf achten, dass der Faden über die Schlaufe geführt wird.

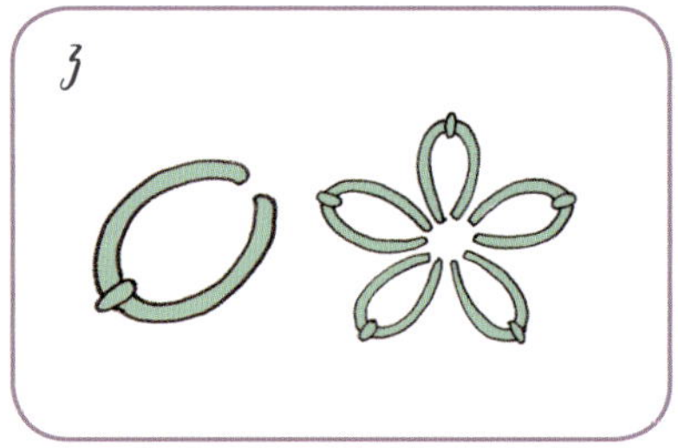

So viele Stiche wie gewünscht ausführen und diese kreisförmig dicht aneinander sticken, sodass eine Blüte entsteht.

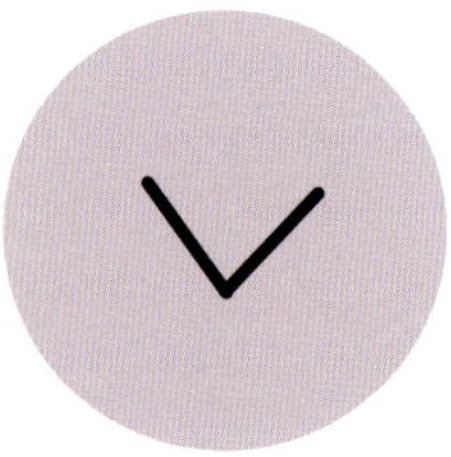

Fliegenstich

Dies sind kleine V- oder Y-förmige Stiche, die für dekorative Ränder, Füllungen oder spitze Blütenblätter verwendet werden.

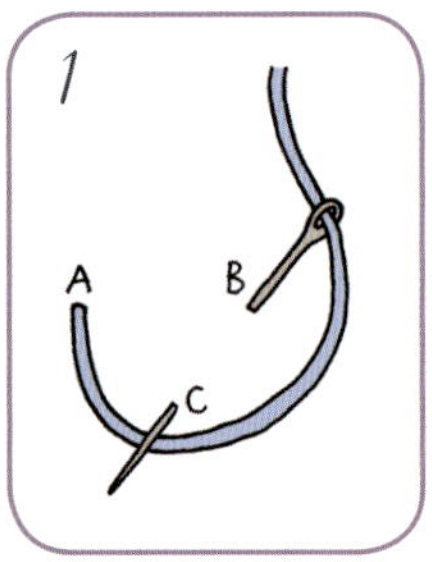

Mit der Nadel an Punkt A von unten nach oben durch den Stoff stechen und an B wieder einstechen. Den Faden nicht zu fest ziehen, sodass sich eine kleine Schlinge bildet. An Punkt C ausstechen – dort, wo die Spitze des Vs oder Ys sein soll – und die Nadel über den Faden legen.

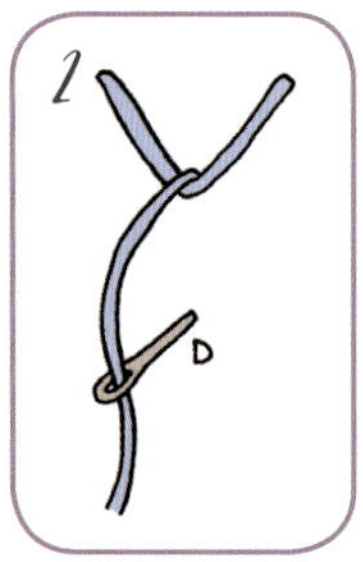

Jetzt den Faden festziehen, damit die V- oder Y-Form entsteht. Für eine Y-Form dann an Punkt D einstechen, für eine V-Form dicht unter Punkt C.

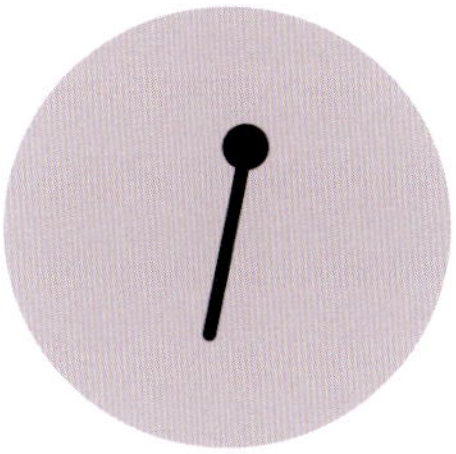

Knötchenstich & Stempelstich

Diese Stiche ähneln sich stark, beim Stempelstich muss man nur mit der Nadel etwas weiter von Punkt A entfernt wieder in den Stoff stechen. Damit werden Staubblätter und dekorative Muster gestickt.

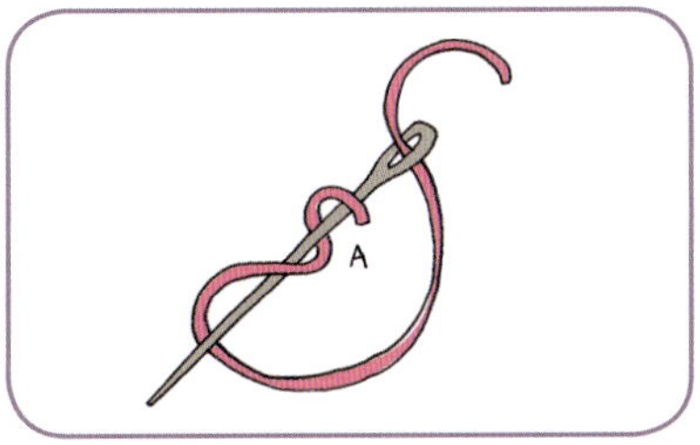

Mit der Nadel an Punkt A von unten nach oben durch den Stoff stechen. Den Faden mit Daumen und Zeigefinger zwei- oder dreimal um die Nadel wickeln.

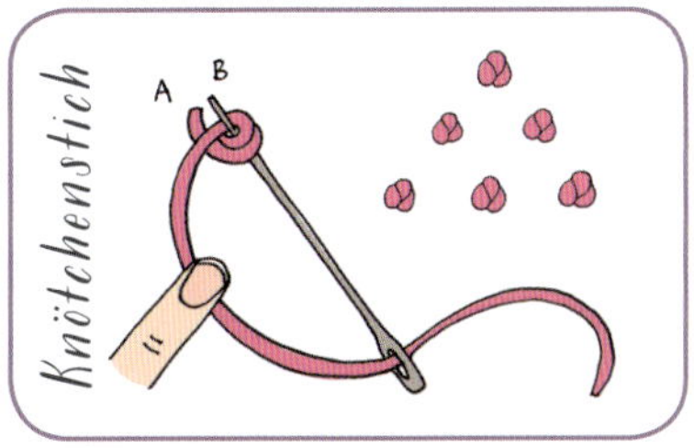

An Punkt B, ganz dicht an Punkt A, wieder einstechen. Dabei vorsichtig den Knoten von der Nadel gleiten lassen. Die Nadel und den Faden durch den Knoten und den Stoff ziehen, dann den Faden vorsichtig anziehen, sodass sich der Knoten zuzieht.

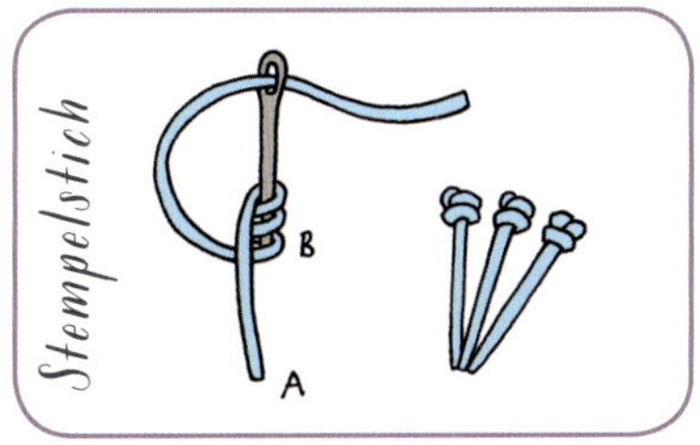

Den Arbeitsfaden straff halten, mit der Nadel an Punkt B einstechen und den Faden durchziehen, sodass sich ein Knötchen mit einem »Schwanz« bildet.

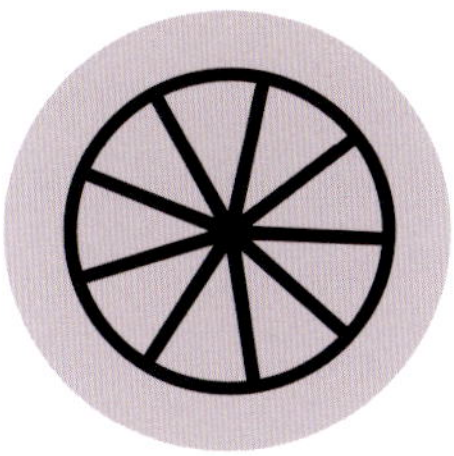

Wagenradstich

Dieser Stich kann als Einzelstich zur Dekoration verwendet werden – einzeln oder als Randelement. Er dient aber auch zum Füllen von freien Flächen.

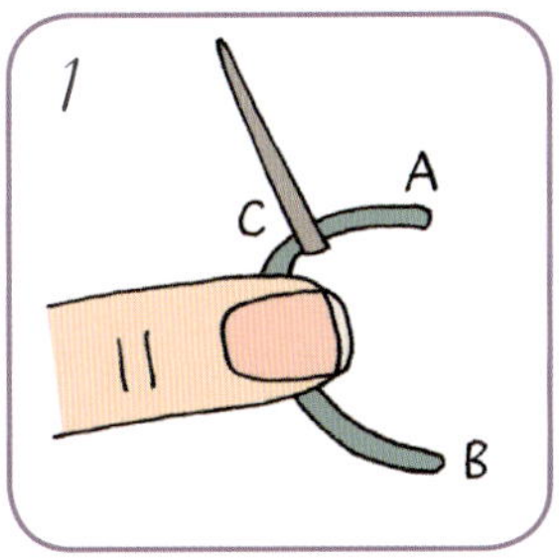

Zunächst mit der Nadel an Punkt A ausstechen und in der Radmitte an Punkt B wieder einstechen. An Punkt C innerhalb der entstandenen Schlaufe ausstechen – die Schlaufe am besten mit einem Finger fixieren.

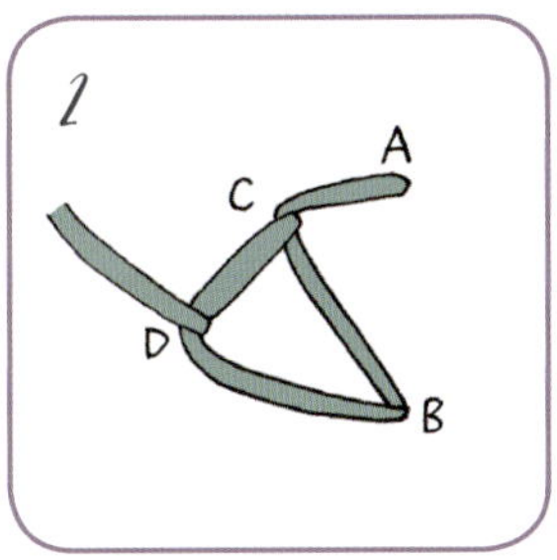

Wieder an Punkt B ein- und an D ausstechen. So entsteht die nächste Speiche.

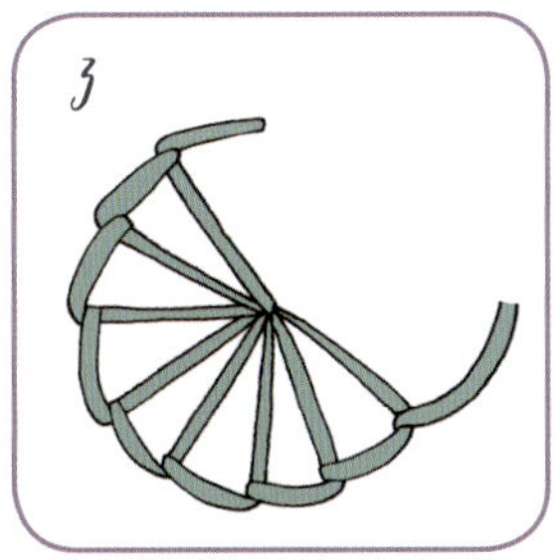

Auf diese Weise fortfahren und das komplette Rad sticken.

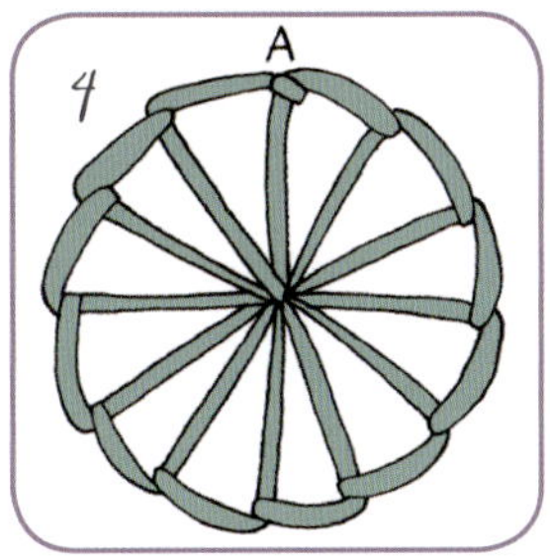

Die letzte Speiche mit einem kleinen geraden Stich an Punkt A beenden. Achte darauf, den Faden gut festzuziehen, damit sich der Stich nicht löst.

Wie man Stickringe benutzt

Wenn du einen Stickring benutzen möchtest, so wähle einen der so groß ist, dass das Motiv gut hineinpasst. Die großen Motive passen in einen 15 cm großen Ring, aber mit einem 18 cm großen hast du etwas mehr Spielraum beim Sticken. Die Mini-Motive sind für einen 8 cm großen Ring perfekt. Ziehe den Stoff stramm und achte darauf, dass der Stoff ausreichend über den Ring übersteht.

Du kannst den Innenring mit einem speziellen Band umwickeln, so wie ich es hier gemacht habe. Dann hält nicht nur der Stoff besser, es verhindert auch, dass sich der Ring darauf abdrückt. Verwende zum Umwickeln ein 2,5 cm breites Baumwollband, alternativ kannst du auch ähnlich breite Streifen aus Stoffresten nehmen.

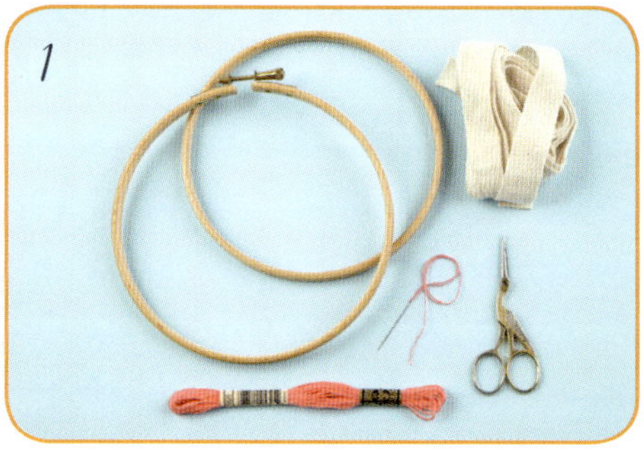

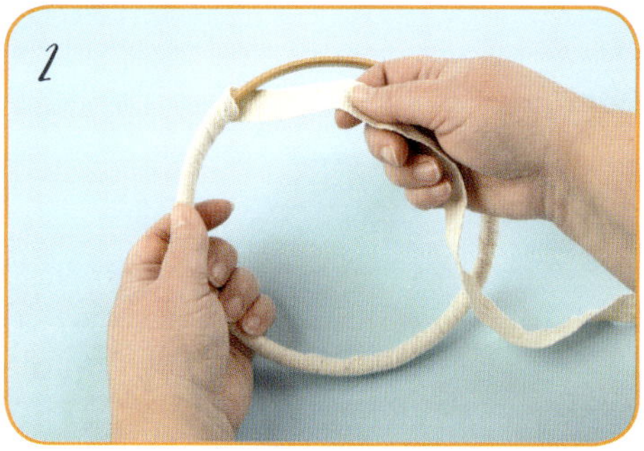

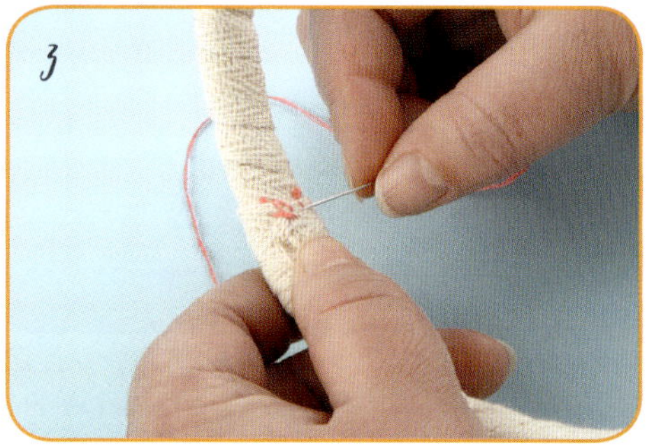

1 Die Einzelteile bereitlegen. Du brauchst einen Stickring, Baumwollband zum Umwickeln, eine Nadel mit Faden und eine Stickschere.

2 Das Band fest um den Innenring wickeln.

3 Anfang und Ende des Bands mit einigen Stichen zusammennähen.

4 Den bestickten Stoff über den Innenring legen und den Außenring vorsichtig daraufsetzen. Die Spannschraube etwas lösen, um die Spannung des Stoffs anzupassen.

5 Den Stoff vorsichtig rundum glattziehen, bis er gleichmäßig stramm gespannt ist, dann die Spannschraube am Außenring anziehen.

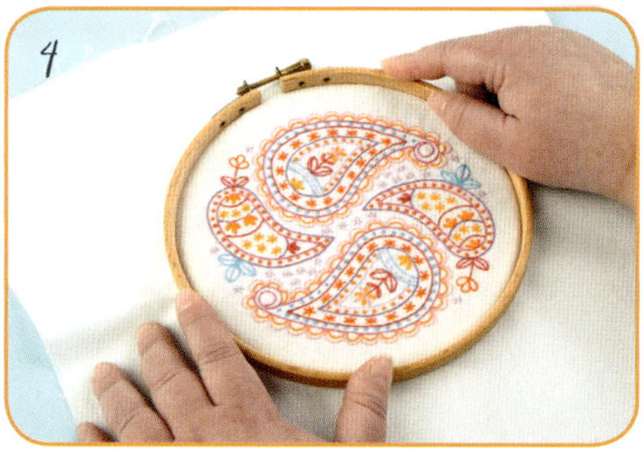

Wenn du mit dem Sticken fertig bist, den Stoff auf etwa 2,5 cm rund um den Ring zurückschneiden und die überstehende Kante auf der Rückseite der Arbeit festkleben. Wenn du den Stoff vor dem Sticken zurückschneiden möchtest, folge den Hinweisen auf Seite 15 zu den Mini-Stickringen, Schritt 1–4.

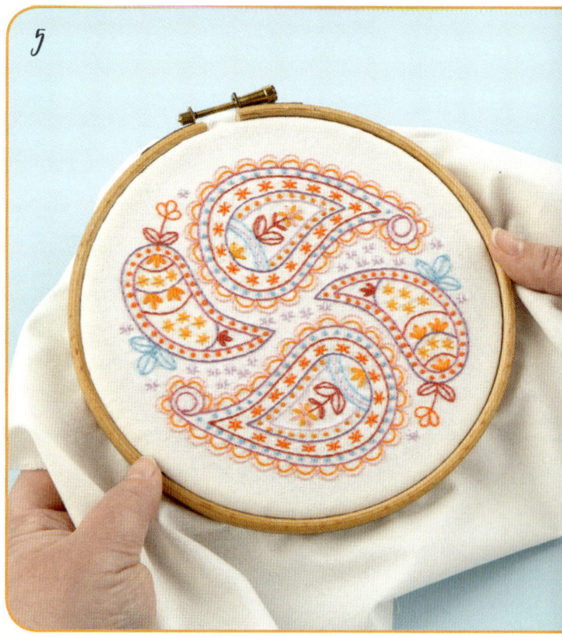

Mini-Stickringe

Die kleinen Mandalas passen in einen 5,5 cm großen Mini-Stickring und können als Broschen, Kettenanhänger oder auch Magnete verwendet werden. Mini-Stickringe erhält man im Internet, etwa auf rico-design.com Manchmal bekommt man sie auch in örtlichen Handarbeitsgeschäften, frage einfach nach. Den Mini-Stickringen liegt in der Regel eine ausführliche Anleitung bei. Sie eignen sich nur zum Einrahmen, können also nicht wie gewöhnliche Stickringe zum Sticken verwendet werden.

Damit die kleinen Mandalas in die Mini-Stickringe passen, musst du das Motiv auf ein Stück Stoff übertragen, das in einen normalen 8 cm oder 10 cm großen Ring passt. Wenn das Motiv fertig gestickt ist, kannst du es in einen Mini-Stickring einpassen.

TIP

Klebe eine Broschennadel auf die Rückseite deines Mini-Stickrings, und du hast eine Brosche!

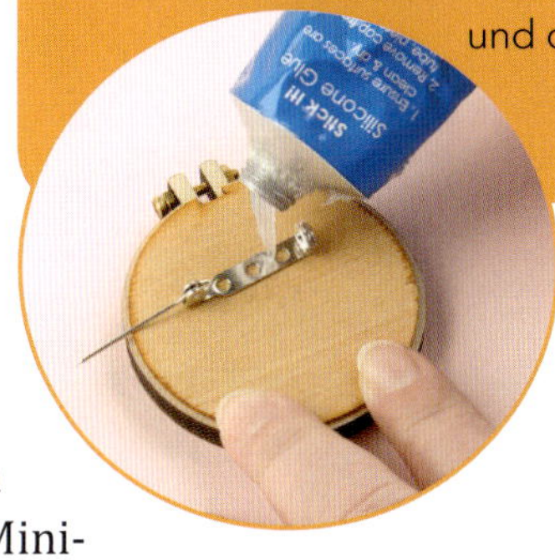

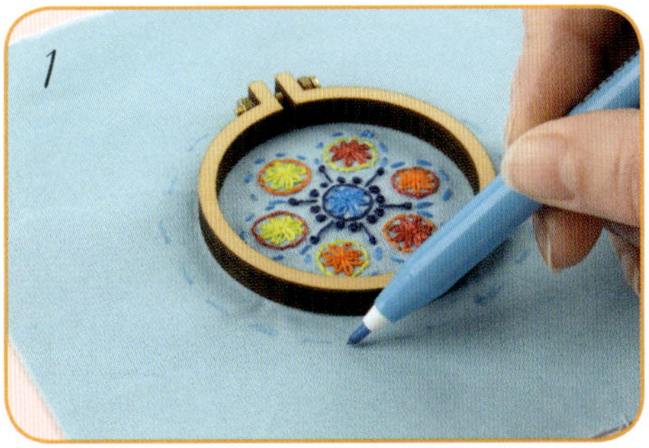

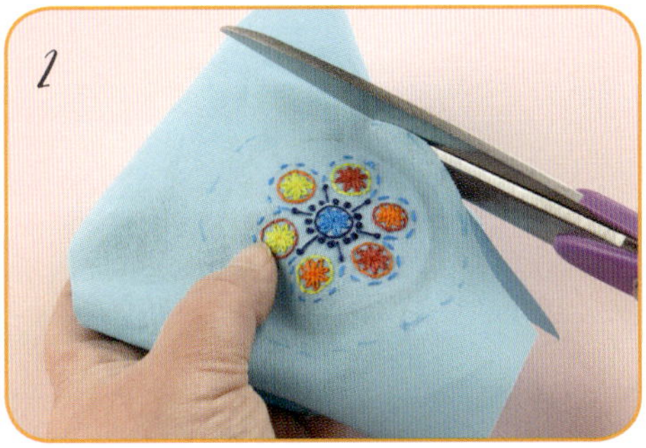

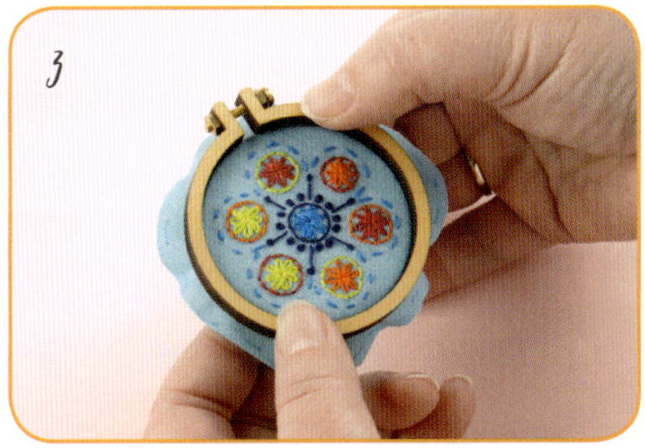

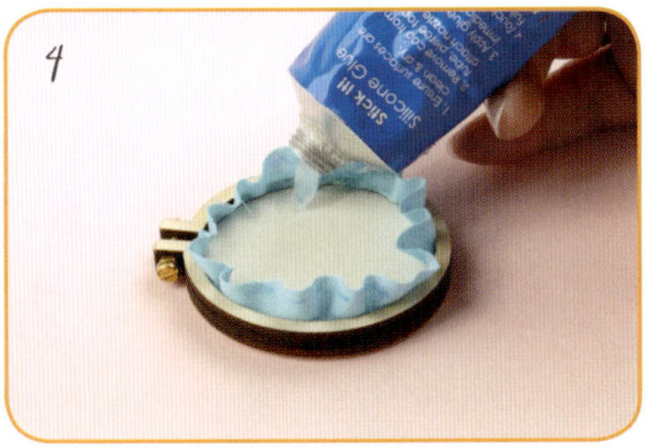

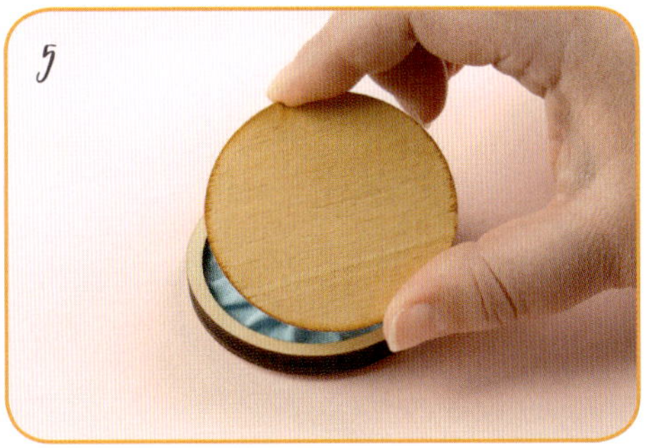

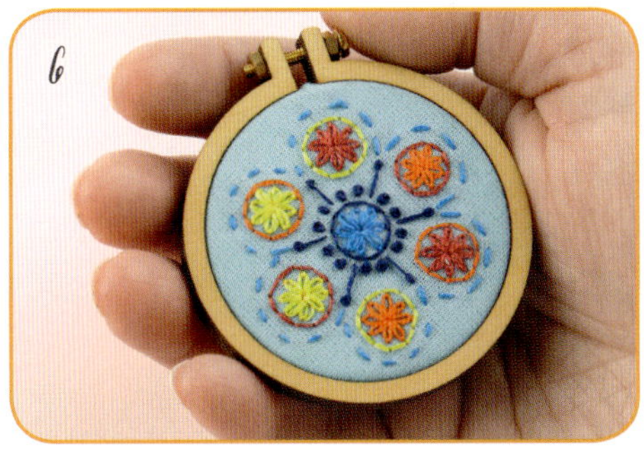

1 Den Mini-Stickring auf das Motiv legen und mit einer Zugabe von etwa 7 mm eine gestrichelte Linie darum zeichnen.

4 Die Arbeit umdrehen und den Stoffrand rundum festkleben.

2 Den Ring abnehmen und den Stoff entlang der Linie zuschneiden.

5 Kleber auf die größere Holzplatte geben und diese vorsichtig auf die Rückseite des Rings legen. Die Nut soll auf Höhe der Schraube liegen. Festdrücken und trocknen lassen.

3 Das ausgeschnittene Motiv auf die kleinere Holzplatte legen und in den Ring stecken. Festdrücken und die Schraube anziehen.

6 Fertig! Dein Mandala ist jetzt im Mini-Stickring befestigt.

Mandalas

Zu jedem Mandala gibt es folgende Hinweise: ein farbiges Diagramm, einen Schlüssel zu den Stickstichen und „Farbpunkte", die auf die Farbnummer des DMC-Garns verweisen. Suche den jeweiligen Stickstich in der Übersicht und dann die Farbe aus den „Punkten". Eine Bemerkung zu den Diagrammen: Die Linie für den Kettenstich ist dicker als die der anderen Stiche; auf den Transferbögen hingegen sind alle Linien gleich dick, damit die Stiche sie vollständig verdecken.

Die Stickereien auf den folgenden Seiten sollen dir Anregung geben, die Mandala-Motive in diesem Buch nachzuarbeiten. Am Buchende findest du die Bügel-Transferfolien für alle Mandalas.

Bei zwei der gestickten Mandalas wurden nicht alle Stiche auf den Transferfolien abgebildet (Garten der Scheherazade auf Seite 24 und Blumenstrauß in Pastell auf Seite 26), damit du deine Lieblingsstiche verwenden kannst. Wenn du sie genauso wie in den Stickbeispielen anfertigen möchtest, folge den Hinweisen in den Diagrammen.

Ich hoffe, dass du die gestickten Beispiele als Vorschläge oder Ausgangspunkt für deine eigenen Mandala-Kreationen betrachtest. Wenn du magst, ändere die Farben, verwende dickeres Garn oder andere Stickstiche – es gibt unendliche viele Möglichkeiten.

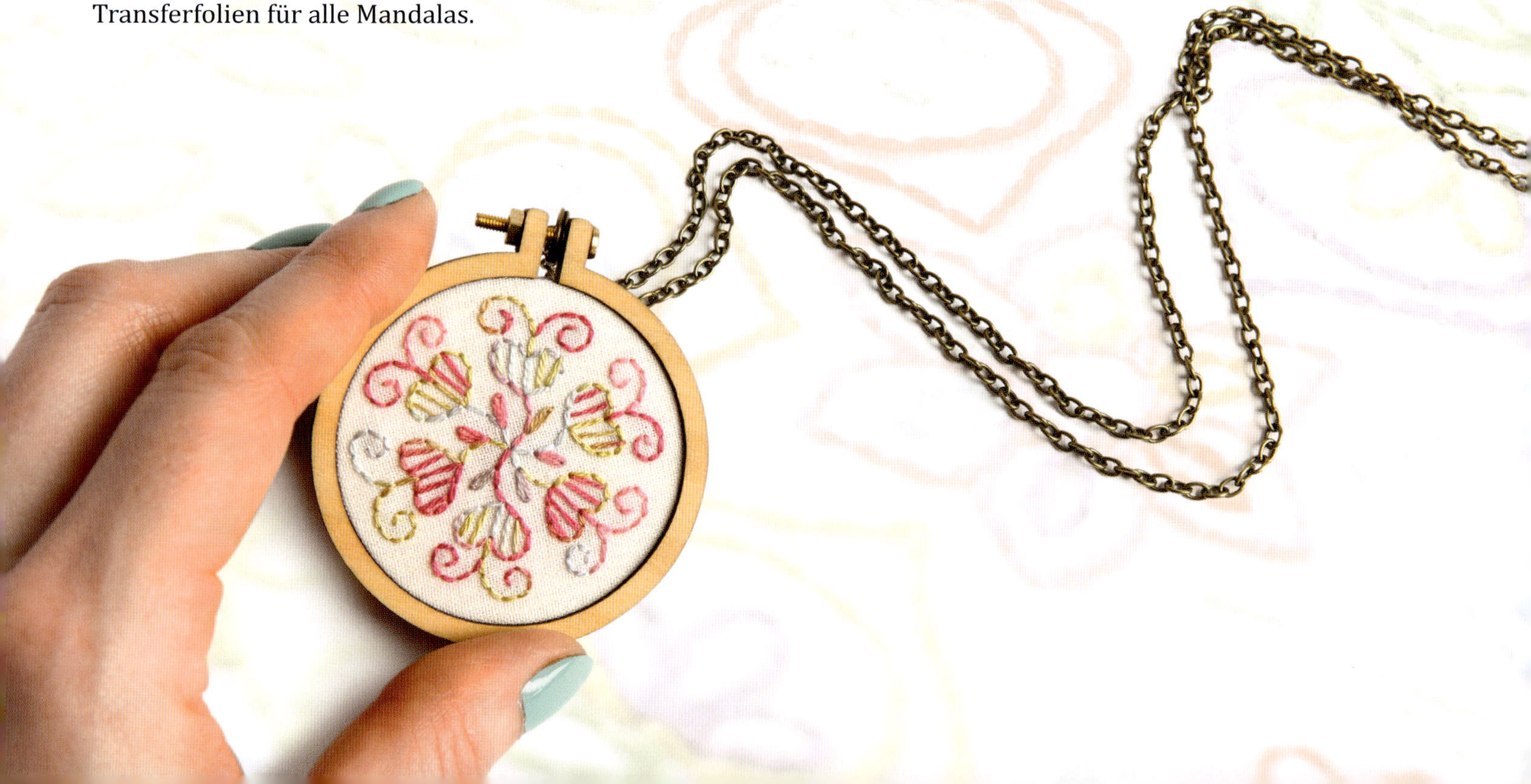

Vorbereitungen

Sechsfädiges Baumwollstickgarn ist für viele Projekte die naheliegende Wahl, aber es gibt noch viele andere Arten von Stickgarn, mit denen man experimentieren kann, zum Beispiel Wolle, Perlgarn und Metallic-Garn. Die Stickereien in diesem Buch wurden alle mit zwei Fäden Stickgarn von DMC angefertigt.

Falls du mit den Mandalas Kleidungsstücke oder Accessoires verzieren möchtest, kannst du sie auf viele Stoffarten aufsticken: Leinen, Baumwolle, Jeansstoff, Filz und sogar Strickgewebe. Für manche, etwa Jersey oder sehr feine Stoffe, benötigt man einen Stabilisator, damit sie sich beim Sticken nicht verziehen. Bei der Auswahl der Stoffe und Garne für deine Projekte solltest du immer den Zweck der Arbeit bedenken. Wenn etwas zum Beispiel häufig gewaschen und gebügelt werden muss, solltest du den Stoff vorwaschen, damit er später nicht einläuft, wenn du ihn bereits bestickt hast.

Am besten stickst du zuerst ein kleines Muster, um die Farbbeständigkeit des Garns zu testen, vor allem wenn du besonderes oder handgefärbtes Garn verwendest. Bedenke, dass nicht alle Garne waschbar sind. Metallic- oder Wollgarne sollten zum Beispiel nicht häufig gewaschen werden, lediglich von Hand in kaltem Wasser. Achte auf die Herstellerhinweise, wenn du besondere Garne verwendest.

Bügle den Stoff, bevor du mit dem Sticken beginnst, damit er faltenfrei ist. Offene Kanten kannst du säumen oder mit einer Zickzackschere abschneiden, damit sie nicht ausfransen.

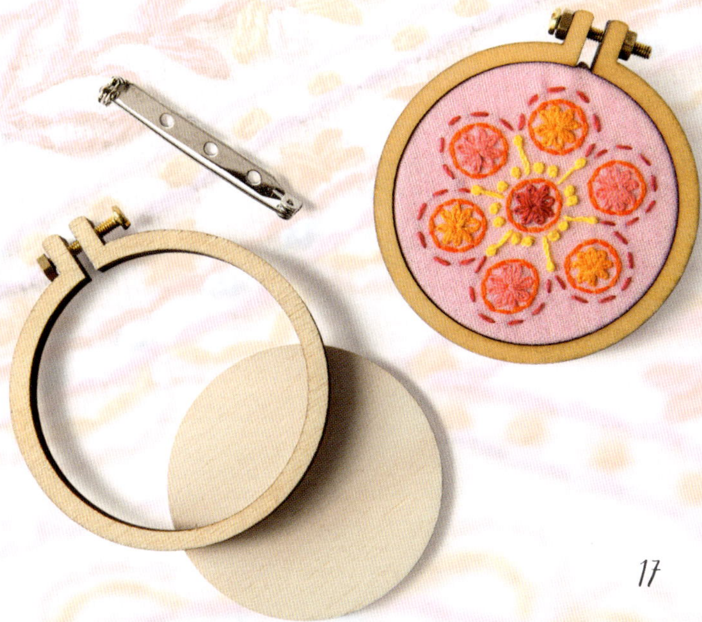

1

Prächtige Kirschblüten

Die Schönheit der Kirschblüten zeigt sich im Frühling für kurze Zeit. Sie stehen für die Erneuerung des Lebens, erinnern aber auch daran, wie flüchtig es ist. Wenn du möchtest, kannst du das Motiv verdichten und noch weitere Sternstiche aufsticken.

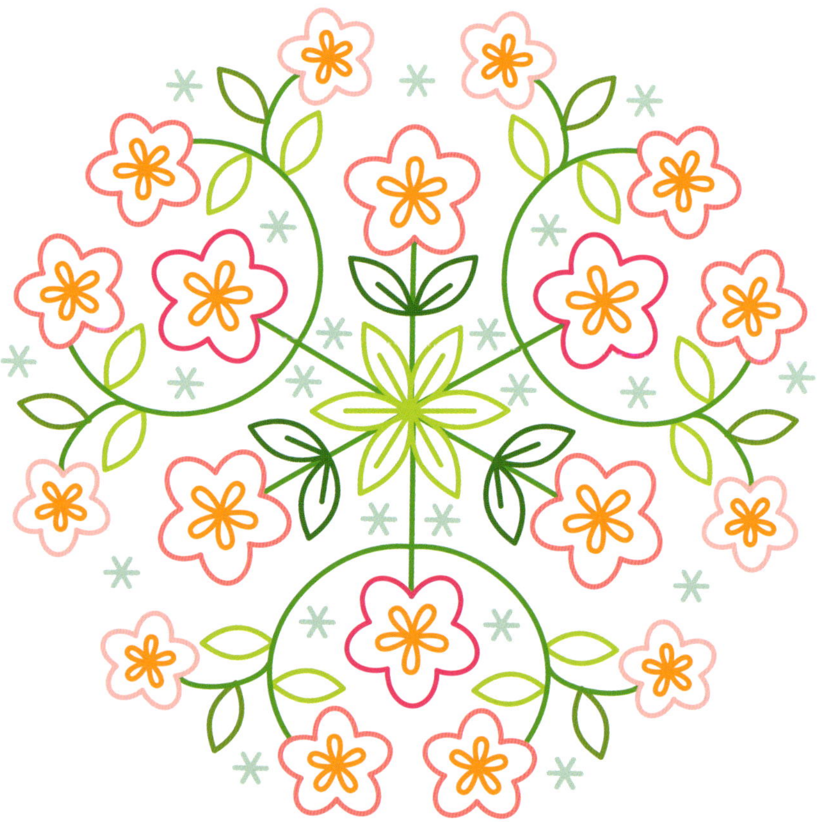

Stickstiche

Rückstich
Sternstich
Margeritenstich
Flachstich

DMC-Farben

600 702
704 741 907
956 957 964

Tipps

Beginne mit den Stielen und Zweigen, sticke dann die Blätter und Blumen und zuletzt die Sternchen.

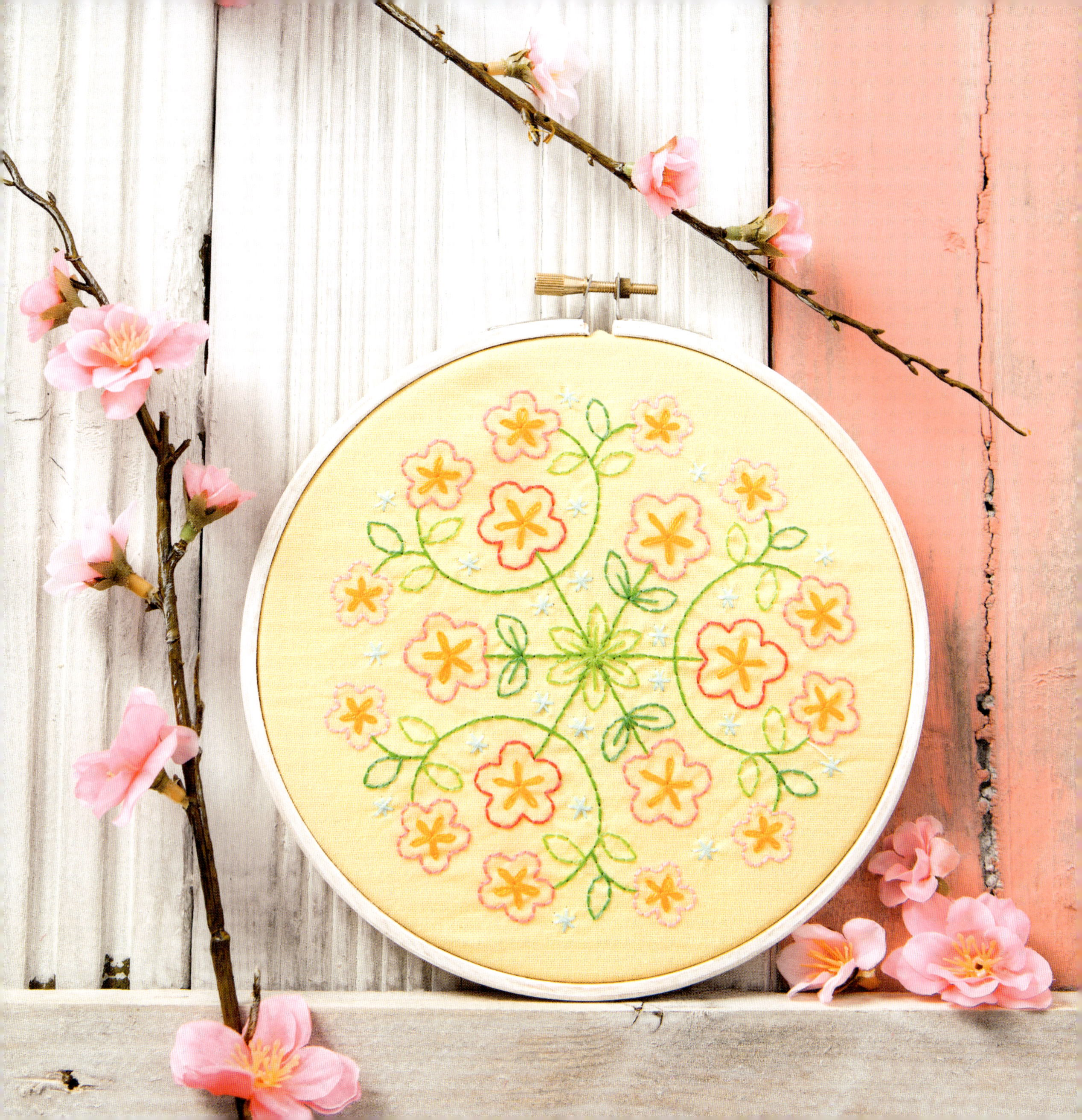

2

Bunter Regenbogen

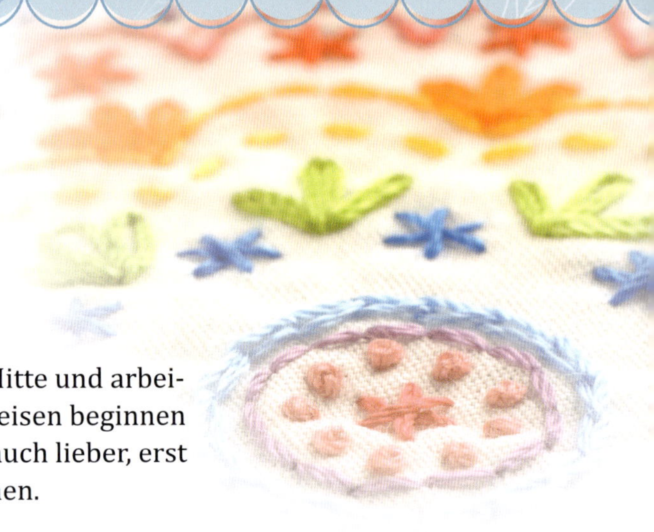

Beginne bei diesem imaginären Sonnensystem mit dem Stern in der Mitte und arbeite dich dann weiter nach außen. Alternativ kannst du auch mit den Kreisen beginnen und anschließend die anderen Stiche hinzufügen. Vielleicht ist es dir auch lieber, erst alle Stiche einer Farbe auszuführen und dann zur nächsten überzugehen.

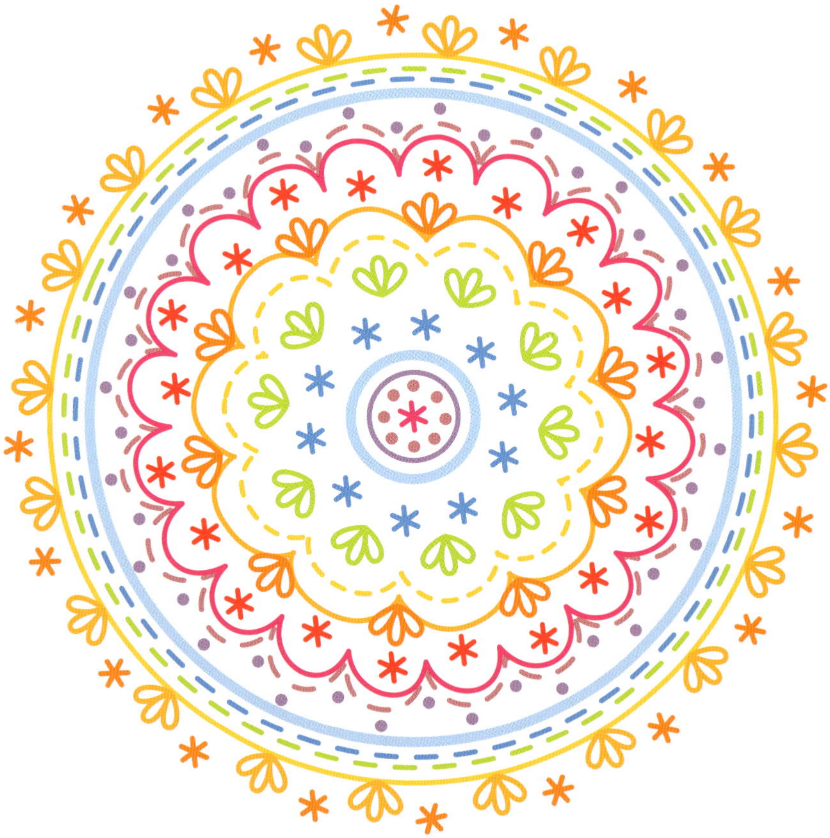

Stickstiche

Rückstich

Margeritenstich

Kettenstich

Vorstich

Knötchenstich

Sternstich

DMC-Farben

553 600 666

740 899 907 972

973 995 996

Tipps

Beginne mit den fortlaufenden Stichen: Rückstich, Kettenstich und Vorstich. Mache dann mit den Einzelstichen wie den Knötchen-, Margeriten- und Sternstichen weiter.

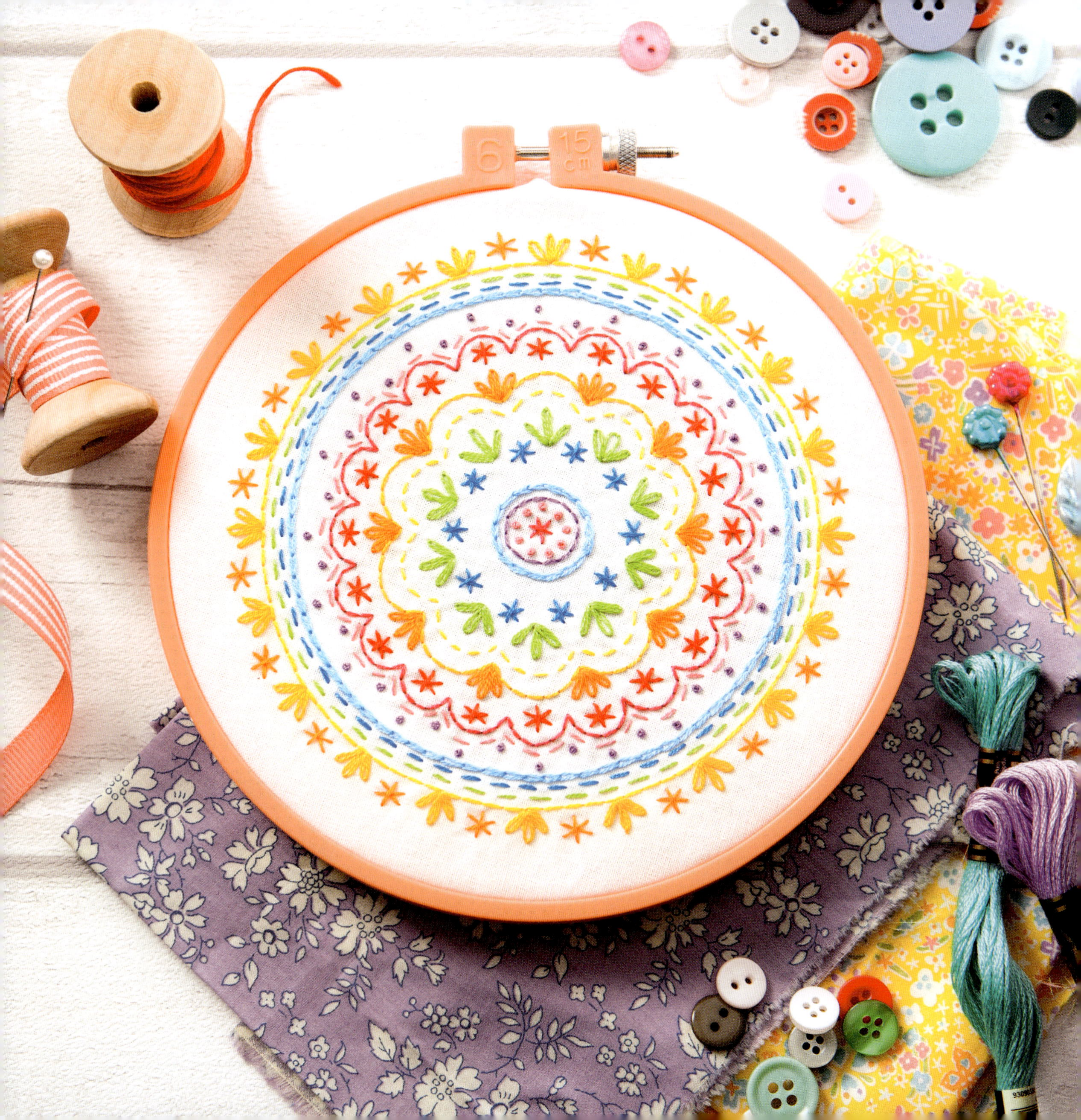
6
15
cm

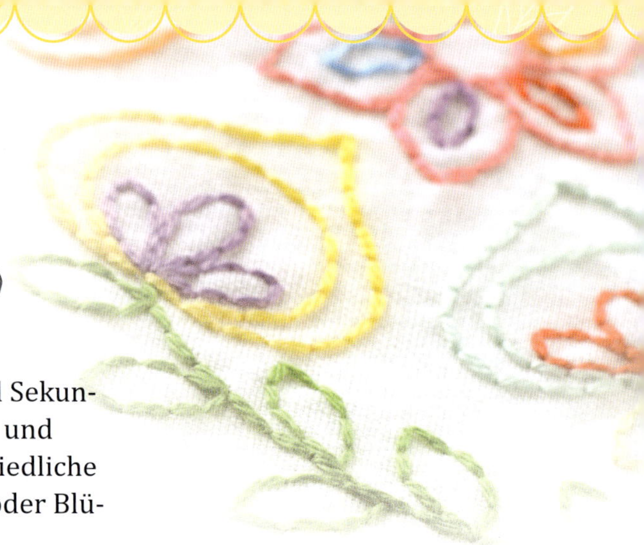

3

Farbige Blütenspirale

Die paarweise angeordneten bunten Blumen sind von den Primär- und Sekundärfarben auf dem Farbkreis inspiriert. Hier wurde mit dem Rückstich und mit verstreuten Margeritenstichen gearbeitet. Da nur wenige unterschiedliche Stickstiche verwendet werden, kannst du dich in Ruhe auf jedes Blatt oder Blütenblatt konzentrieren und das Sticken genießen.

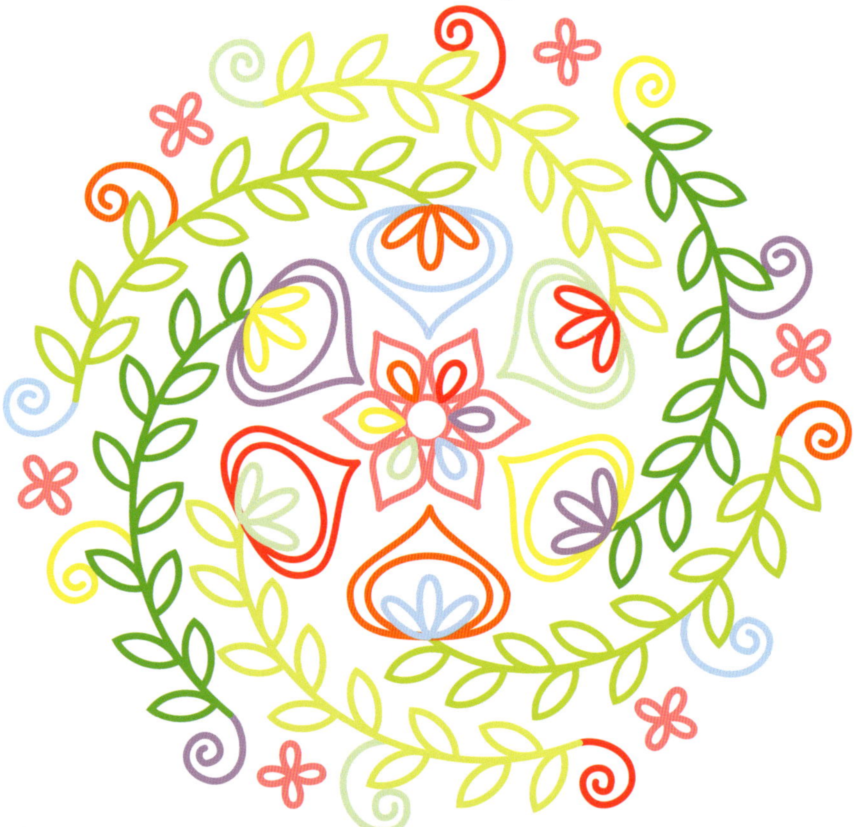

Stickstiche

Rückstich

Margeritenstich

DMC-Farben

307 553 608
666 906 907 955
956 996 3819

Tipps

Sticke immer ein Paar Komplementärfarben direkt hintereinander, beginne jeweils mit der Knospe. Arbeite dann den Zweig, die Blätter und die kleinen Spiralen. Sticke zum Schluss die Margeritenstich-Blüten.

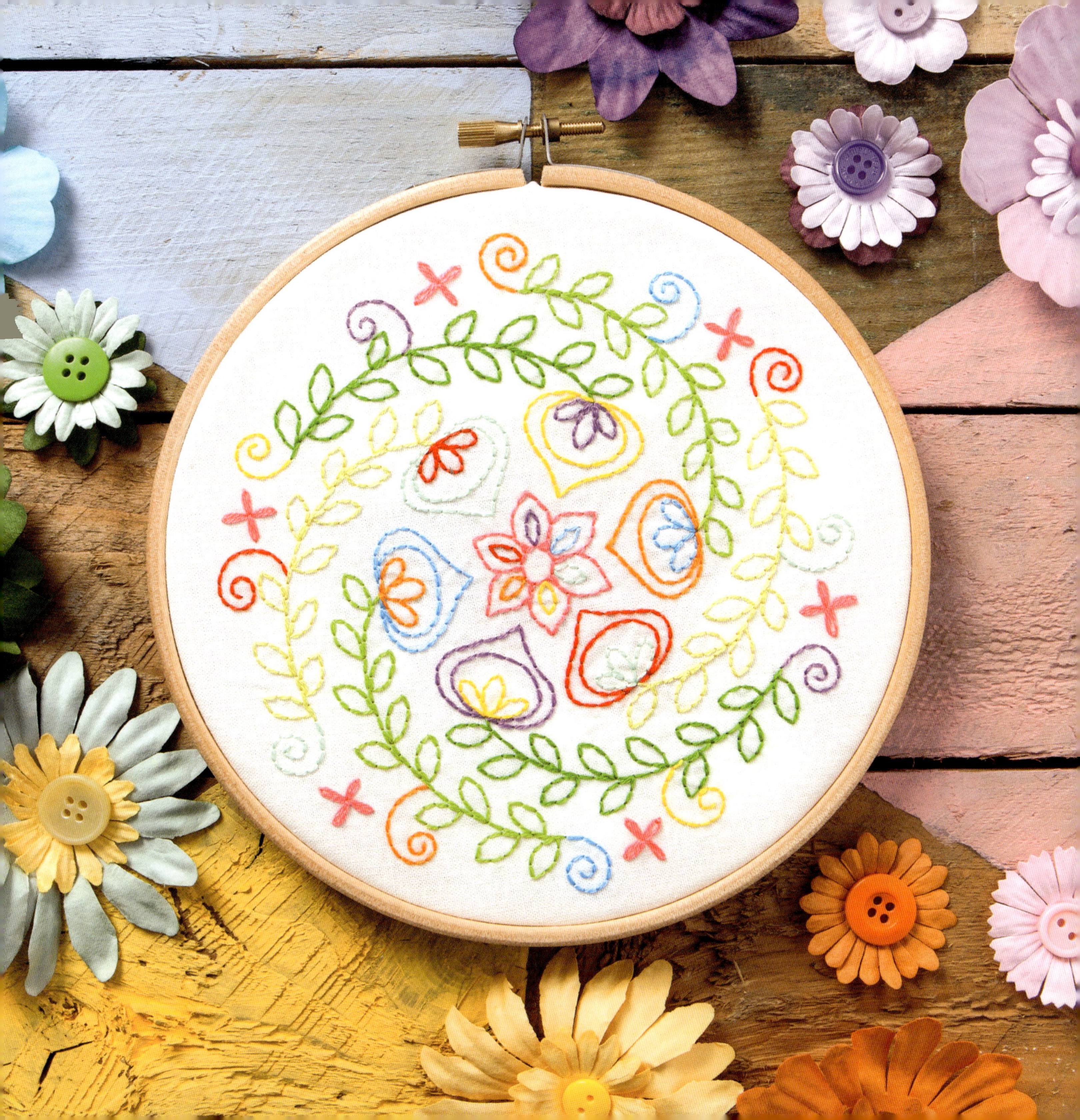

4

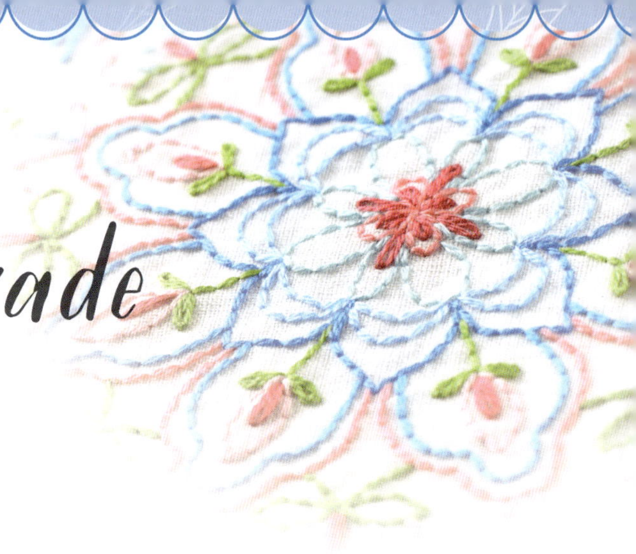

Garten der Scheherazade

Dieser geheime Garten im Schatten der Palmen, in dem man durch zahlreiche Brunnen Kühlung findet, ist ein ruhiger Ort zum Nachdenken. Wenn du magst, füge zusätzliche Stiche hinzu.

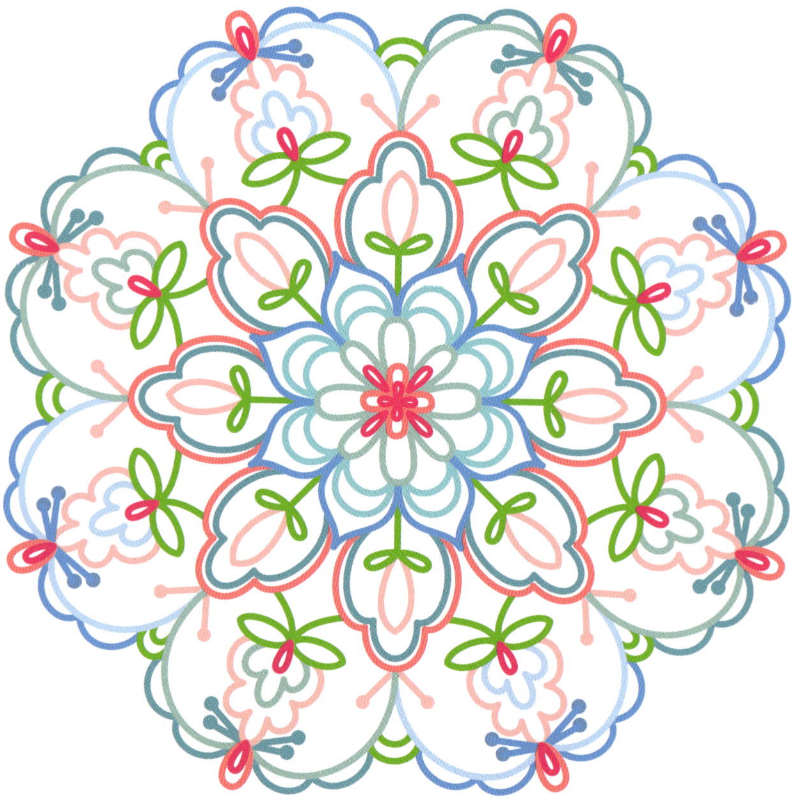

Stickstiche

Rückstich

Margeritenstich

Stempelstich

DMC-Farben

600 906

957 959 995

996 3844 3846

Tipps

Beginne in der Mitte und sticke zuerst alle Rückstiche. Füge dann die Margeriten- und Stempelstiche hinzu.

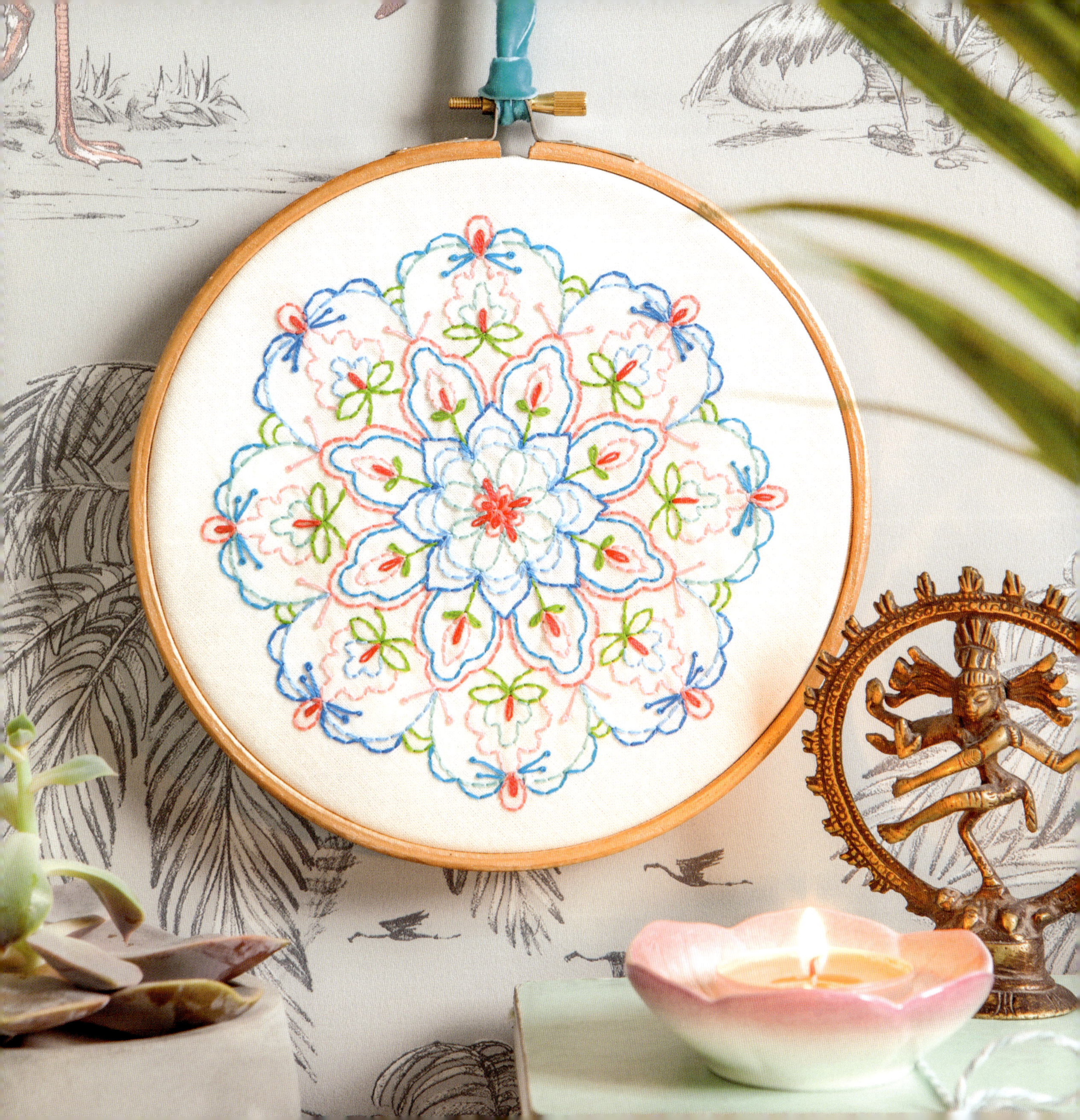

5

Blumen in Pastell

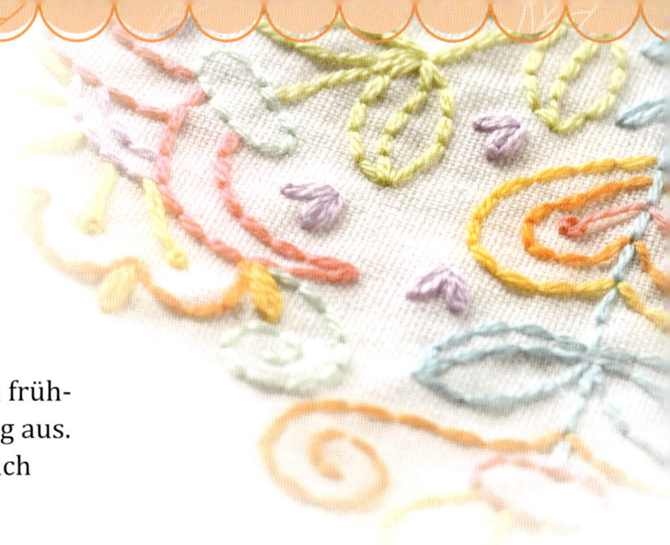

Die großen Blumen und Herzen auf der Transferfolie sind bei diesem frühlingshaften Strauß nicht gefüllt. Schmücke sie nach deiner Vorstellung aus. In der gestickten Version wurden Stempelstiche hinzugefügt, aber auch Margeriten- oder Knötchenstiche sehen hübsch aus.

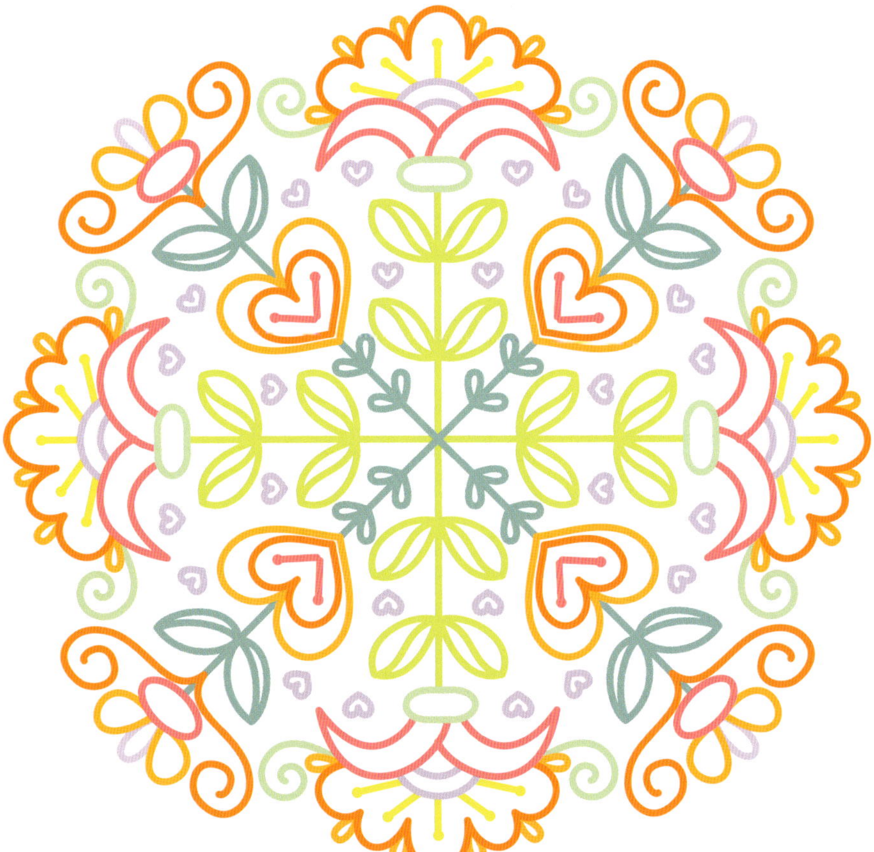

Stickstiche

- Rückstich
- Margeritenstich
- Stempelstich

DMC-Farben

210, 307

740, 955, 956

959, 972, 3819

Tipps

Sticke zuerst die Zweige und füge dann die Blätter und großen Herzen hinzu. Arbeite anschließend die Blumen und zum Schluss die kleinen Herzen.

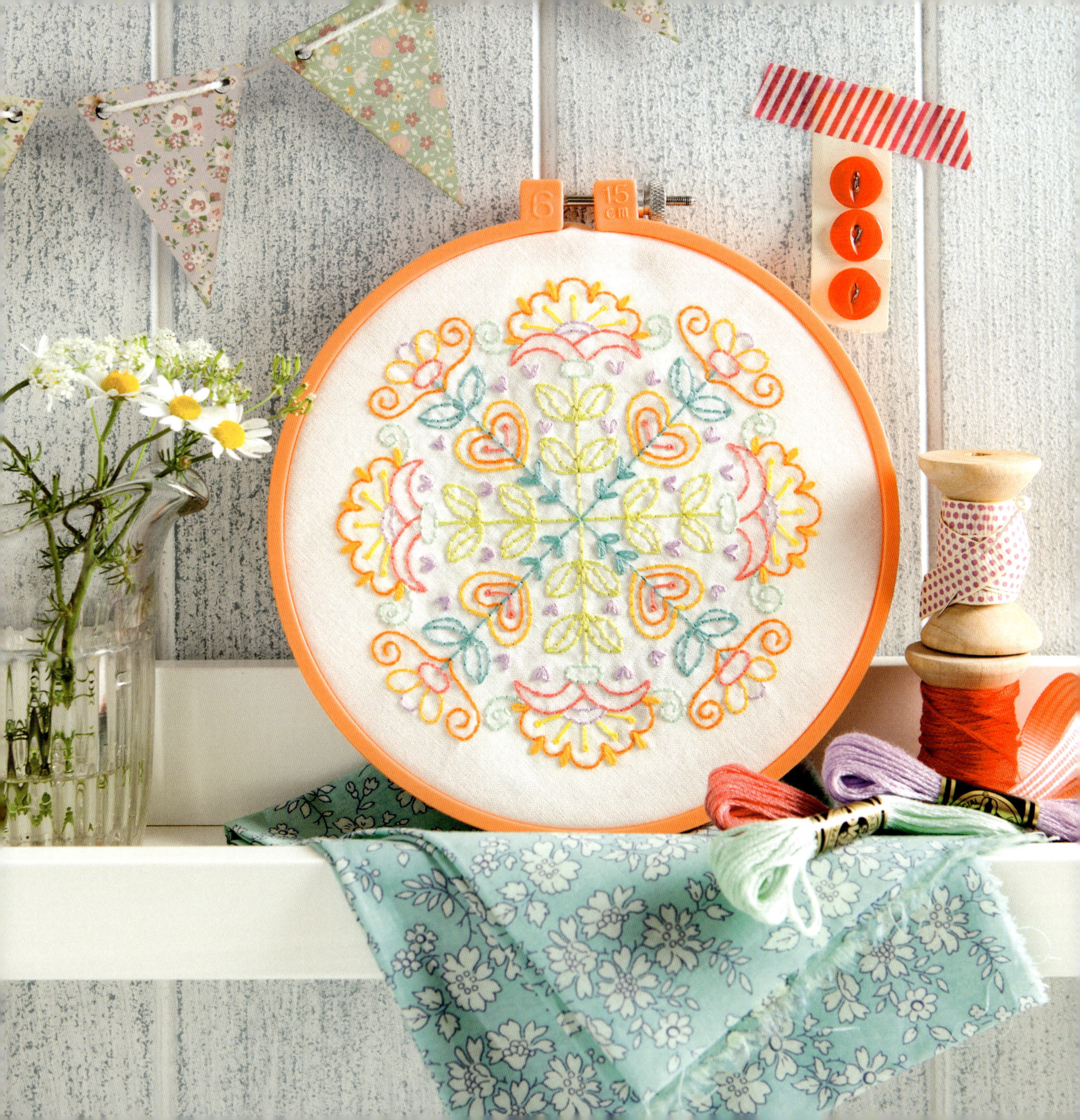
15
cm

6

Paisley-Sternbild

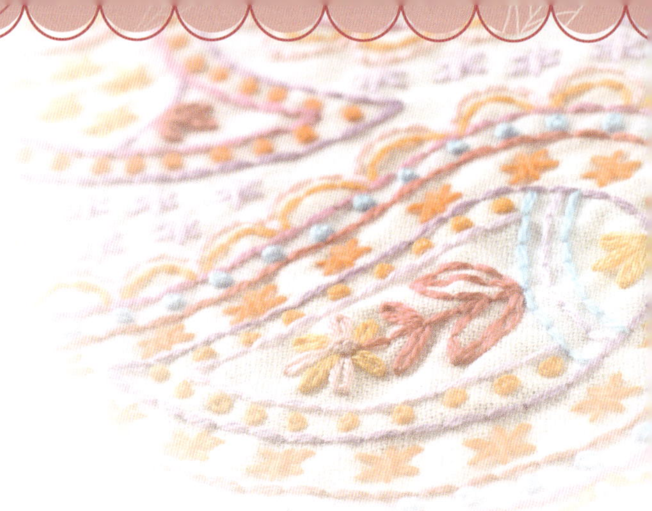

In Wirklichkeit gibt es wahrscheinlich kein Paisley-Sternbild, aber du kannst trotzdem über die Sterne und Galaxien nachdenken, die uns umgeben und beeinflussen. Wir sind alle schöner Sternenstaub.

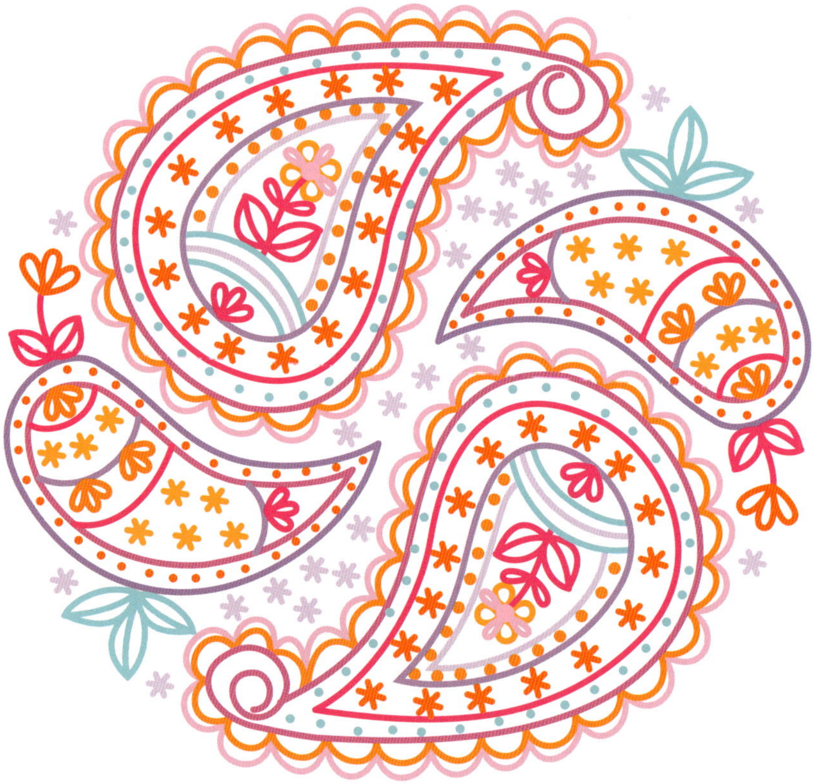

Stickstiche

Rückstich

Knötchenstich

Margeritenstich

Sternstich

DMC-Farben

210	553	600
604	608	740
741	3607	3846

Tipps

Sticke zuerst die Konturen des Paisleymusters, dann die geschwungenen Bögen. Arbeite dann die verbliebenen Rückstiche, anschließend die Blüten und Blätter. Füge die Knötchen-, Stern- und Margeritenstiche hinzu und setze zum Schluss Sternchen zwischen die Paisleymuster.

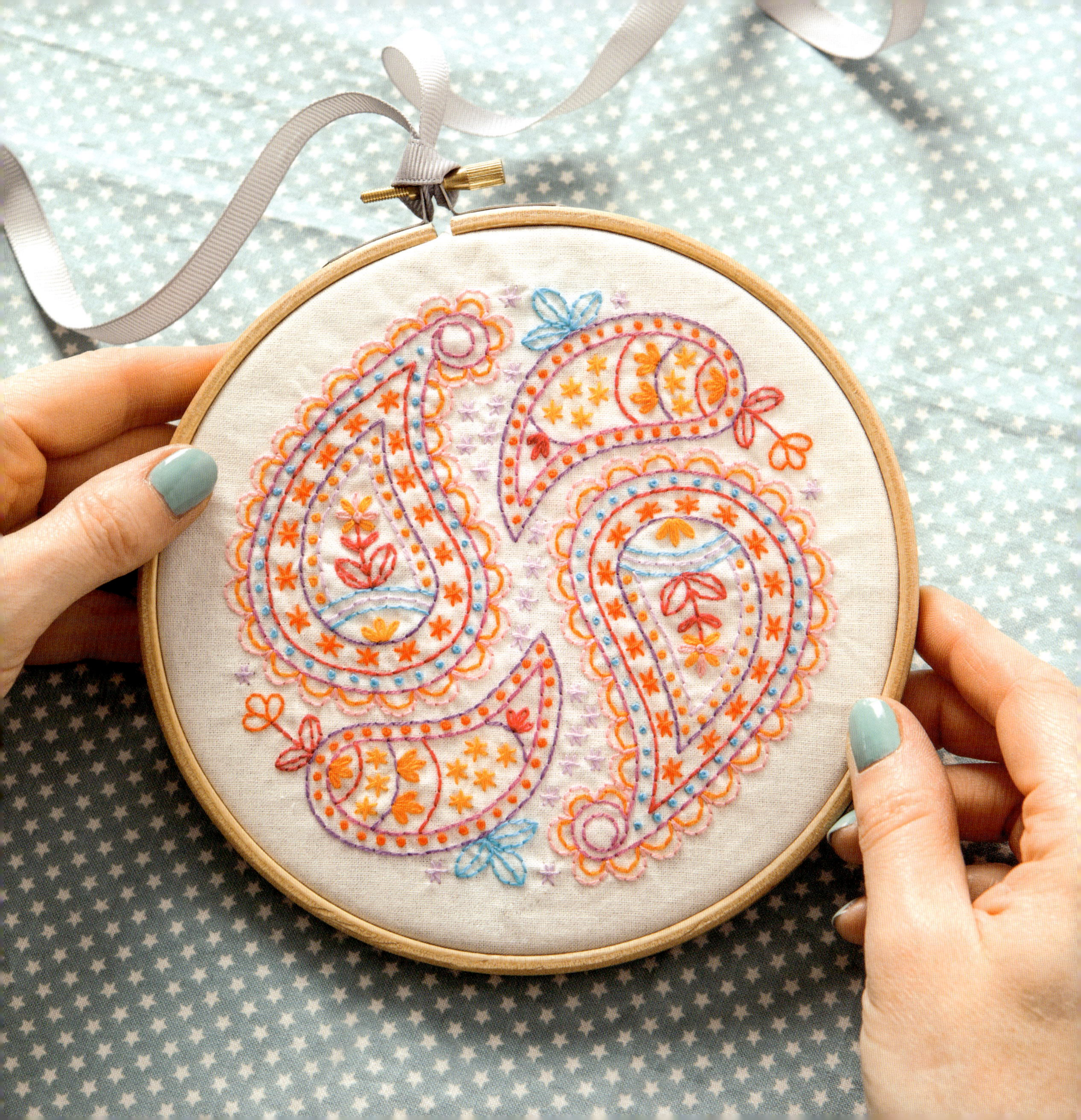

7

Christsternblüte

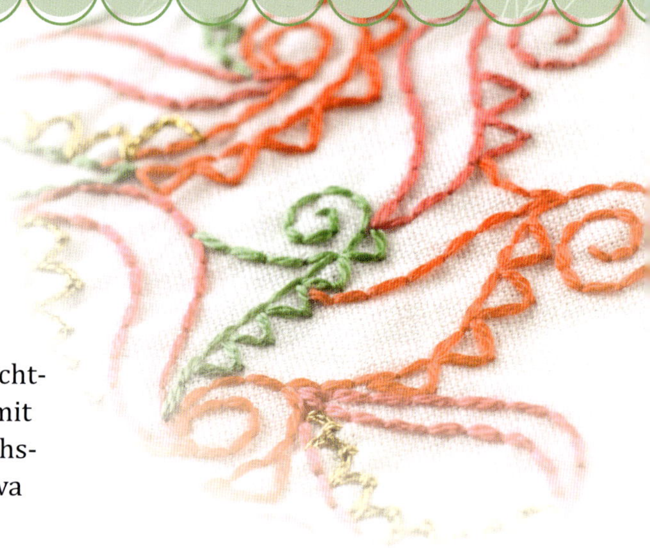

Metallic-Garn verleiht diesem Stickbild Glitzer. Die so entstehenden Lichteffekte sehen sehr hübsch aus, allerdings braucht man bei der Arbeit mit diesem Garn Geduld. Denn es verdreht und verknotet sich eher als sechsfädiges Stickgarn. Um dies zu verhindern, sticke mit einem kurzen, etwa 20 cm langen Faden und verwende Fadenconditioner.

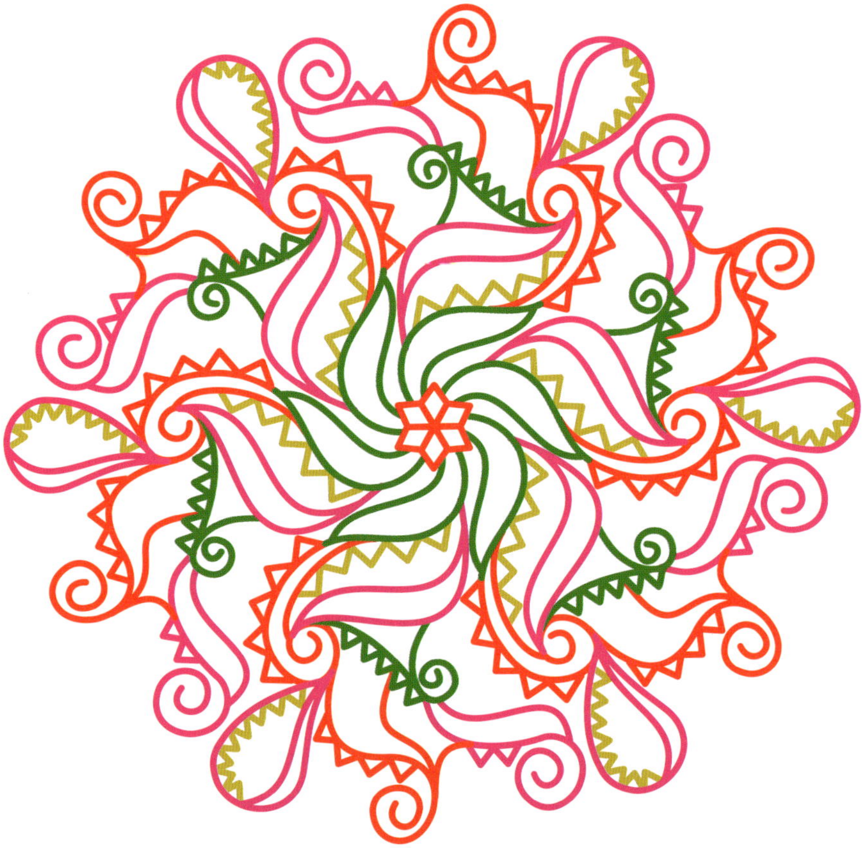

Tipps

Beginne mit den grünen Blättern in der Mitte, arbeite dann nacheinander die „Runden" in derselben Form. Sticke die Fliegenstiche, wenn du mit allen Rückstichen fertig bist.

Stickstiche

Rückstich 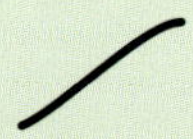

Fliegenstich 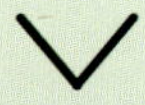

DMC-Farben

600 666

702 E3852

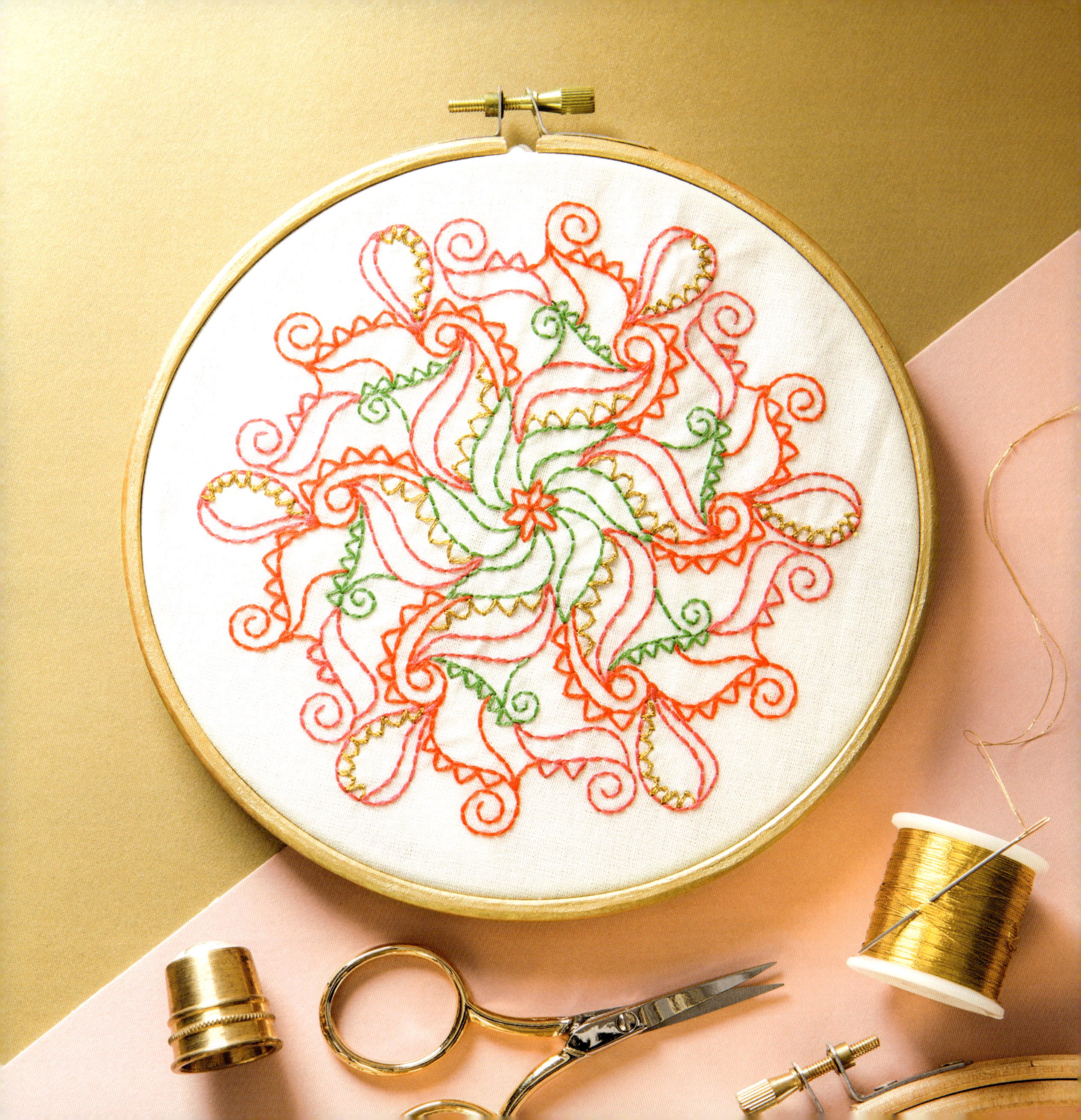

8

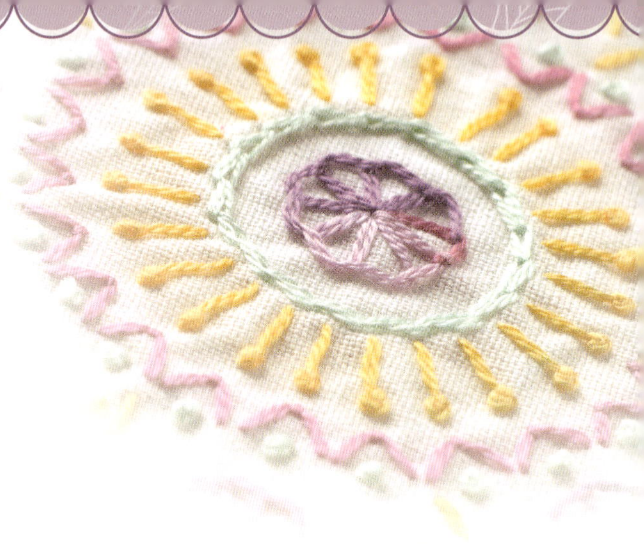

Wintersonnenwende

Bei diesem Motiv kannst du dich richtig in der Wiederholung der Stickstiche verlieren. Sticke die Reihen nacheinander, lass dir dabei Zeit und entspanne dich. Achte bei den Stempel- und Wagenradstichen auf die Fadenspannung.

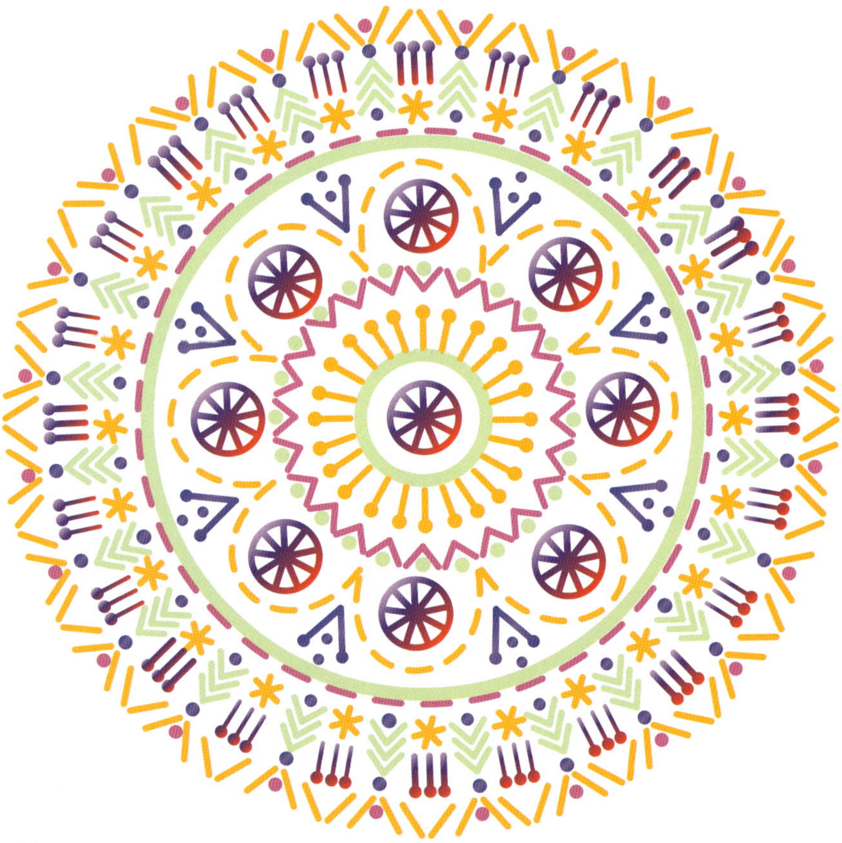

Stickstiche

Wagenradstich

Vorstich

Kettenstich

Sternstich

Fliegenstich

Flachstich

Knötchenstich

DMC-Farben

955 972

3607 4211 4240

Tipps

Arbeite zuerst die fortlaufenden Stiche: die Ketten- und die Vorstiche. Gehe dann zu den Reihen mit Einzelstichen über: Knötchen-, Stempel-, Margeriten-, Fliegen-, Flach-, Wagenrad- und Sternstichen.

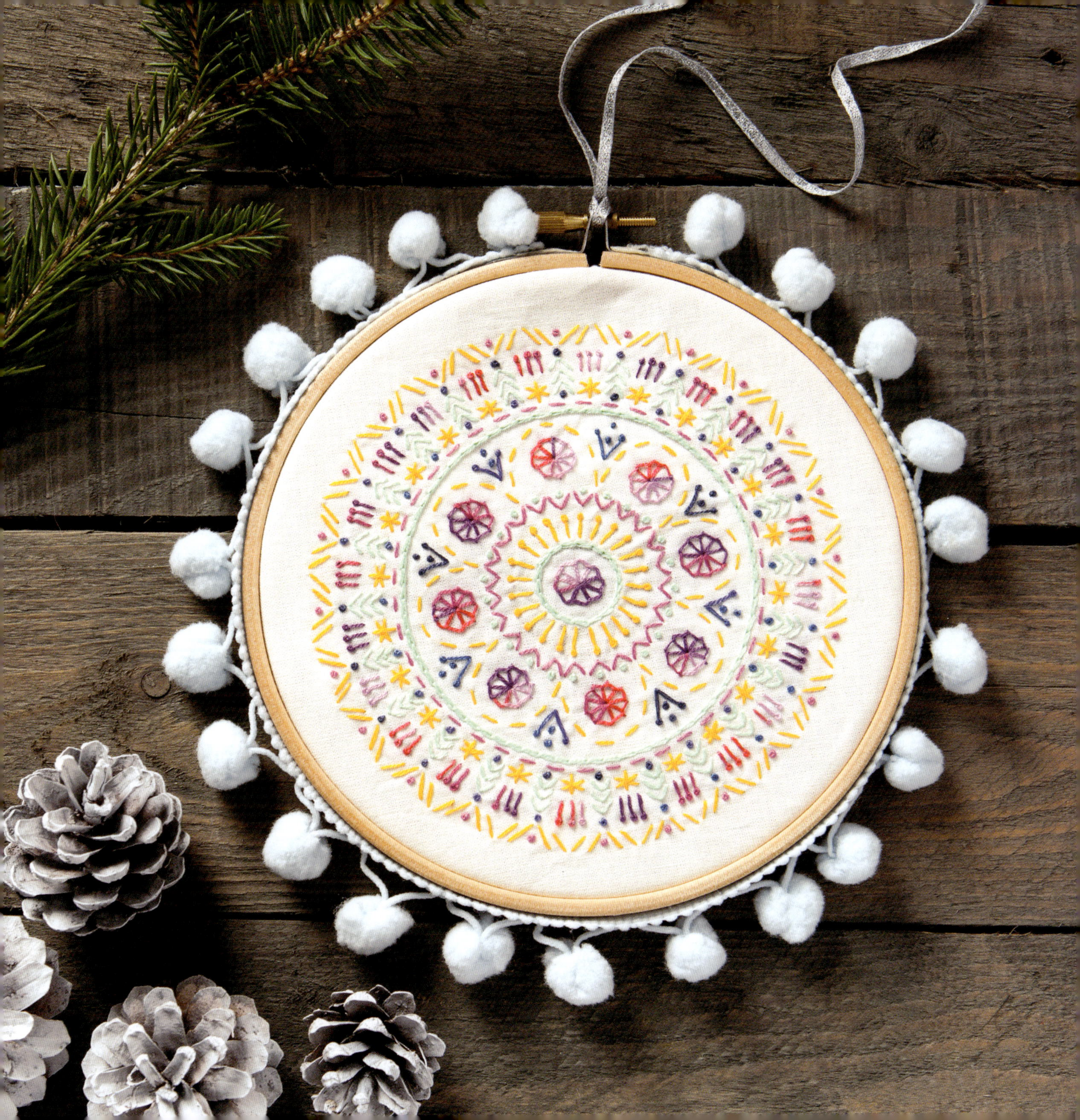

9

Himmelblaue Blüten

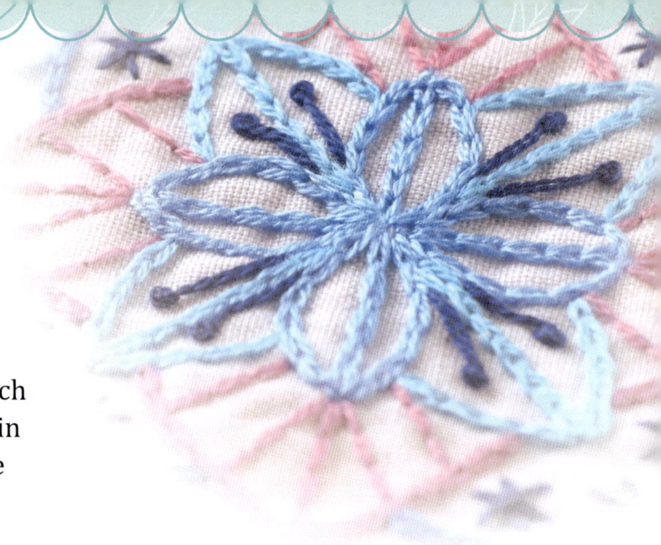

Das auf den Hauswurz in meinem Garten fallende Morgenlicht hat mich zu diesem Muster inspiriert. Es betont die Form der Blütenblätter – ein Mandala der Natur. Manche von ihnen sind nicht gefüllt, du kannst sie nach Belieben mit zusätzlichen Stichen ausschmücken.

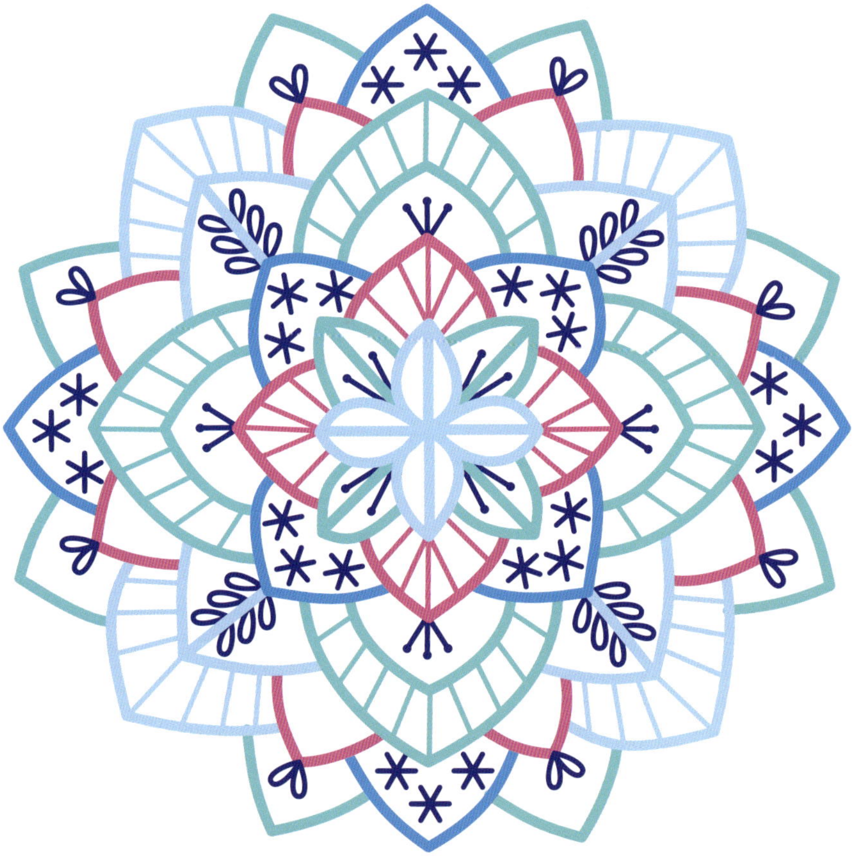

Stickstiche

- Rückstich
- Stempelstich
- Kettenstich
- Sternstich
- Margeritenstich

DMC-Farben

796 995

996 3607 3846

Tipps

Arbeite zuerst die Bereiche mit den Kettenstichen und sticke dann die Rückstiche. Füge zum Schluss die Margeriten-, Stempel- und Sternstiche hinzu.

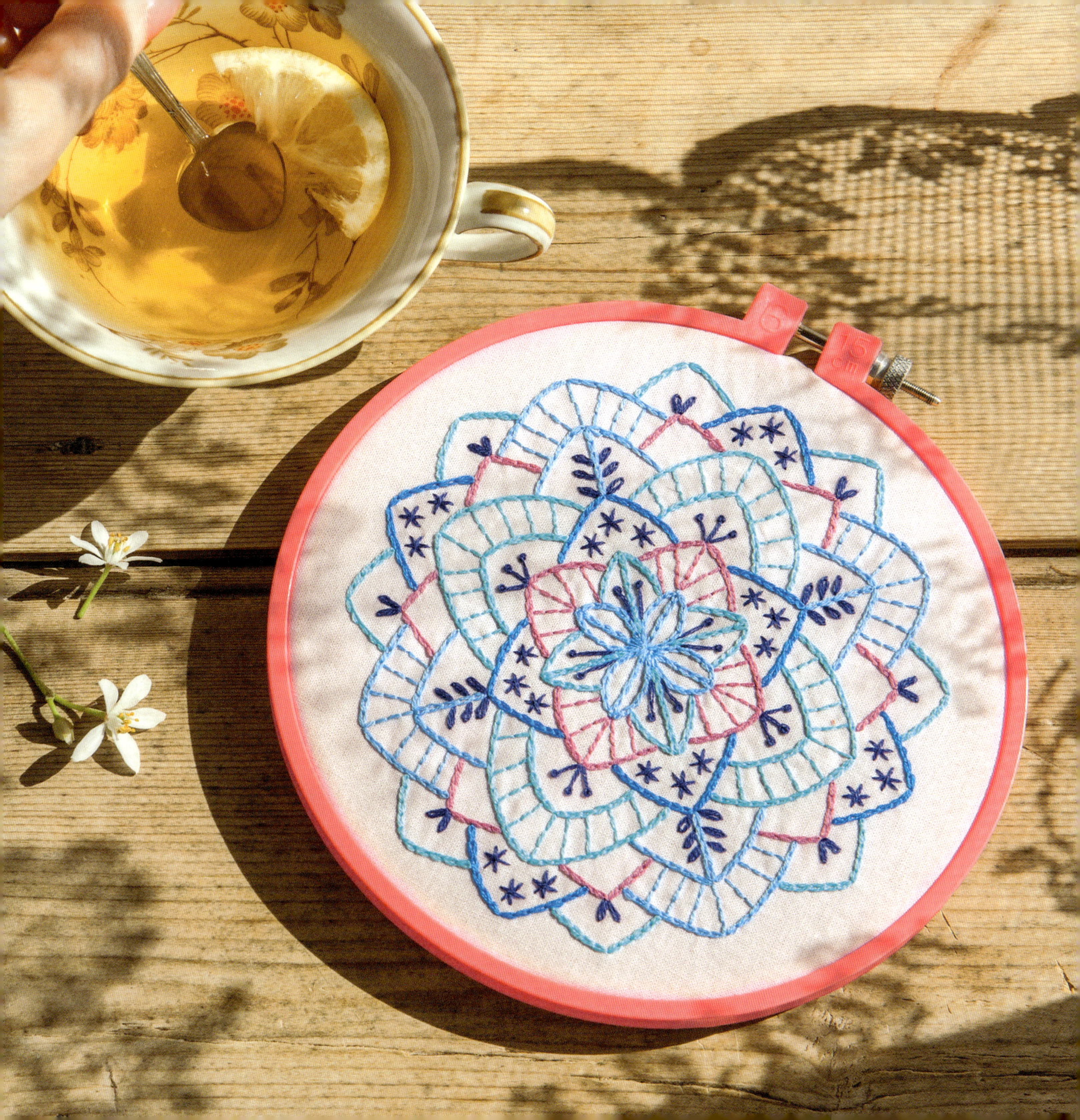

10

Farbexplosion

Der bunte Faden („Coloris“) in diesem Mandala hat einen Farbverlauf, wodurch die Farbwechsel dramatischer als bei einfarbigem Garn wirken. Dabei entsteht ein Effekt, als würde man mehrere Farben auf einmal verwenden.

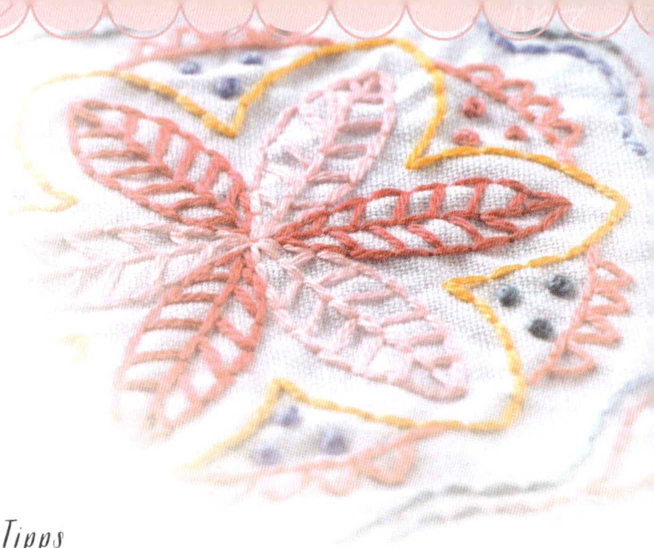

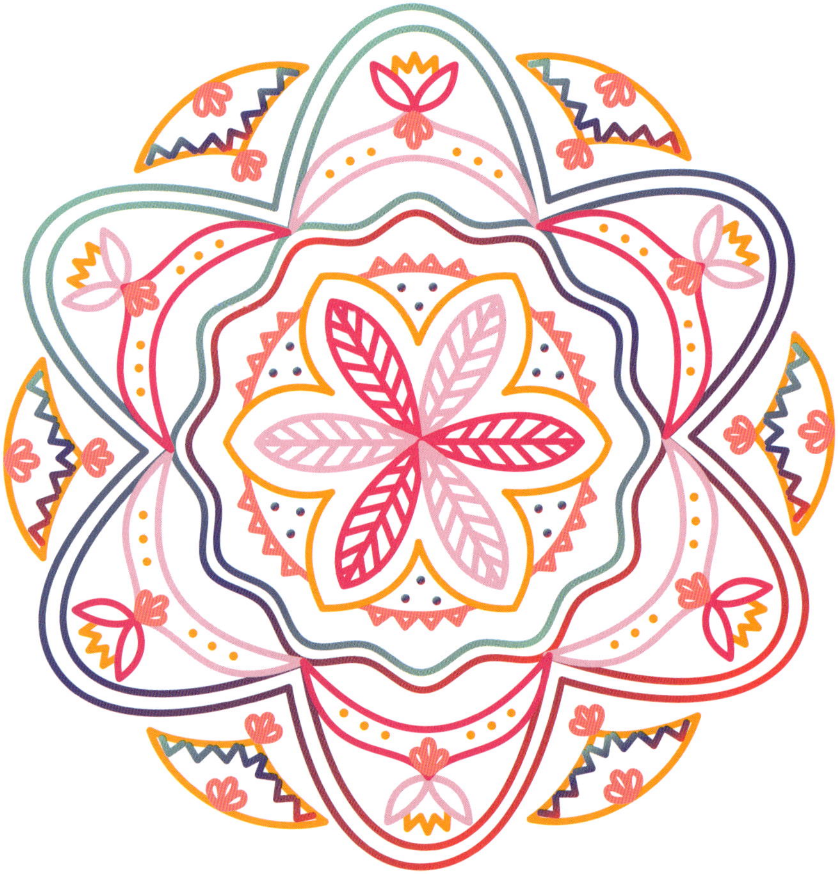

Tipps

Beginne mit den großen Blättern in der Mitte, sticke dann die Konturen mit dem Rückstich. Arbeite anschließend die Blüten und füge zum Schluss Knötchen-, Fliegen- und Margeritenstiche hinzu.

Stickstiche

Rückstich

Knötchenstich

Fliegenstich

Flachstich

Margeritenstich

DMC-Farben

600 604

741 956 4507

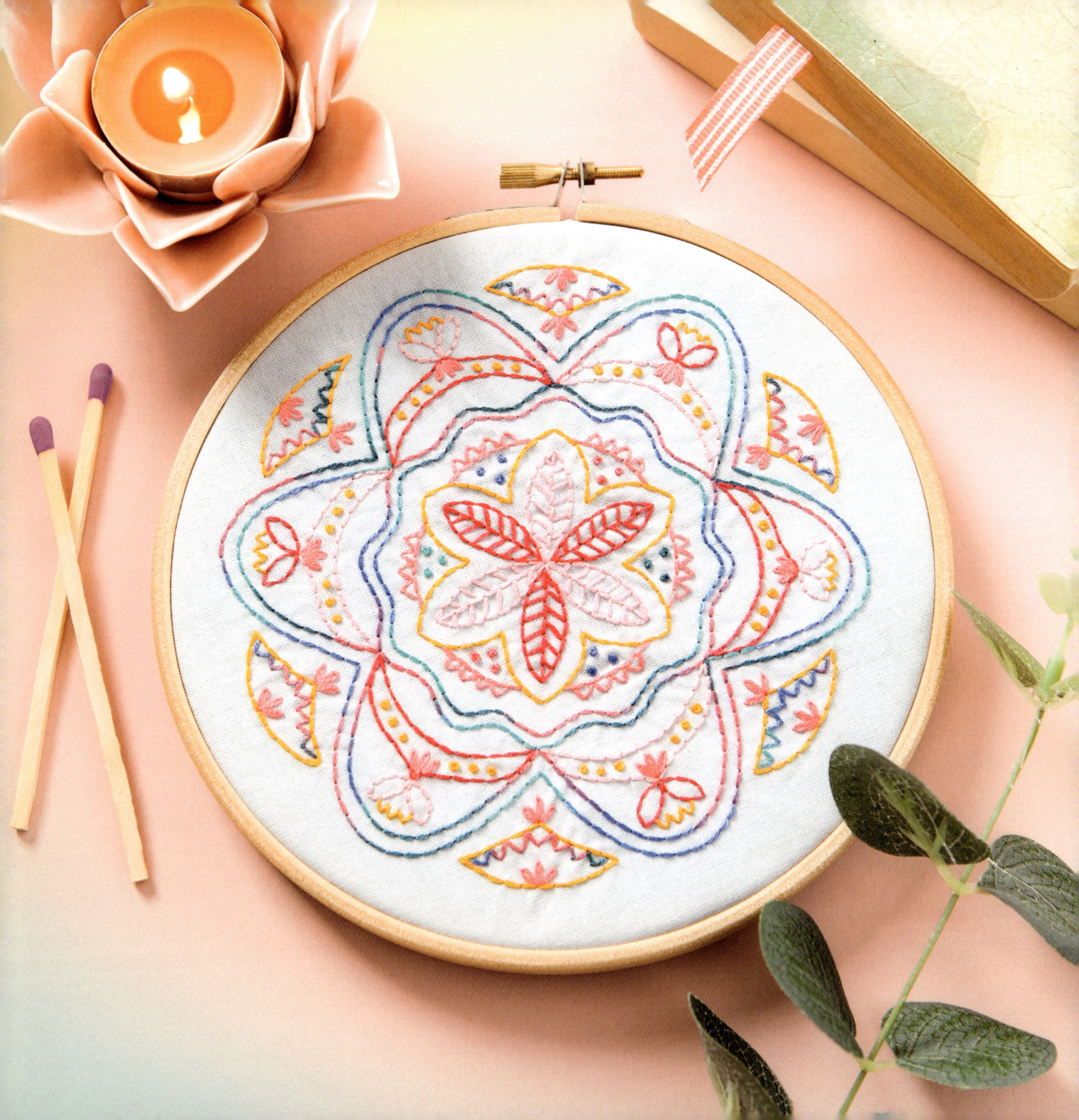

11

Freundschaftswiese

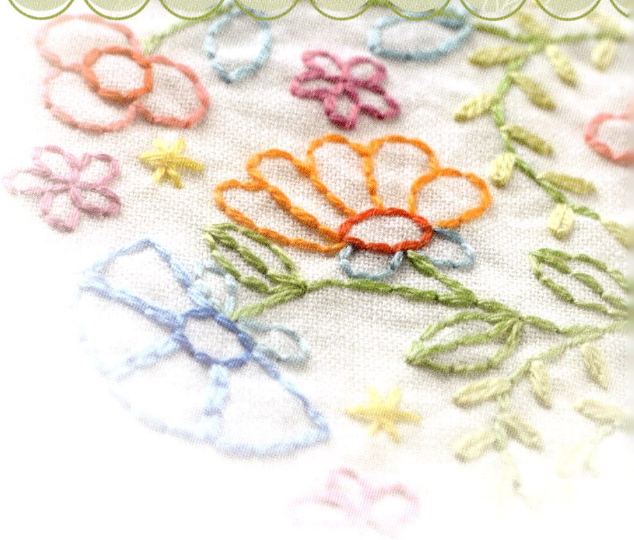

Dieses Mandala ist eine Ode an die Freundschaft – wir feiern alle Freunde, die uns stärken und immer an uns glauben, egal was passiert. Gehe durch das hohe Gras und pflücke dicke, bunte Blumensträuße.

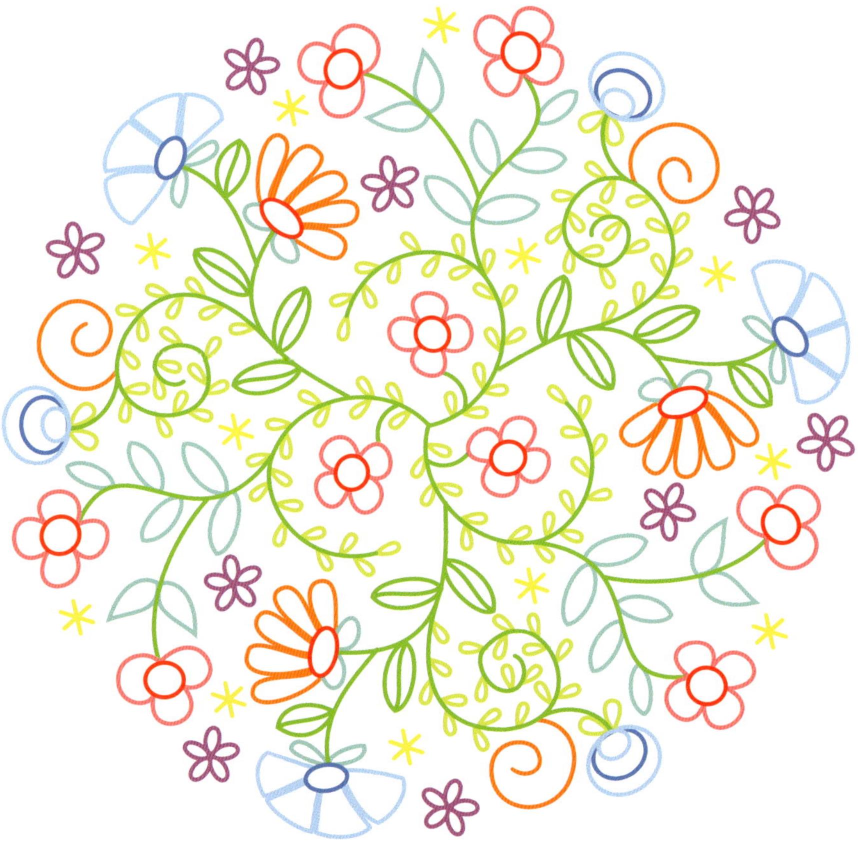

Stickstiche

- Rückstich
- Margeritenstich
- Sternstich

DMC-Farben

666, 740, 906, 956, 959, 973, 995, 996, 3607, 3819

Tipps

Beginne mit den Stielen, füge dann die großen und kleinen Blätter und die Knospen an deren Enden hinzu. Sticke zum Schluss die Sternstiche und die kleinen Margeritenstich-Blumen.

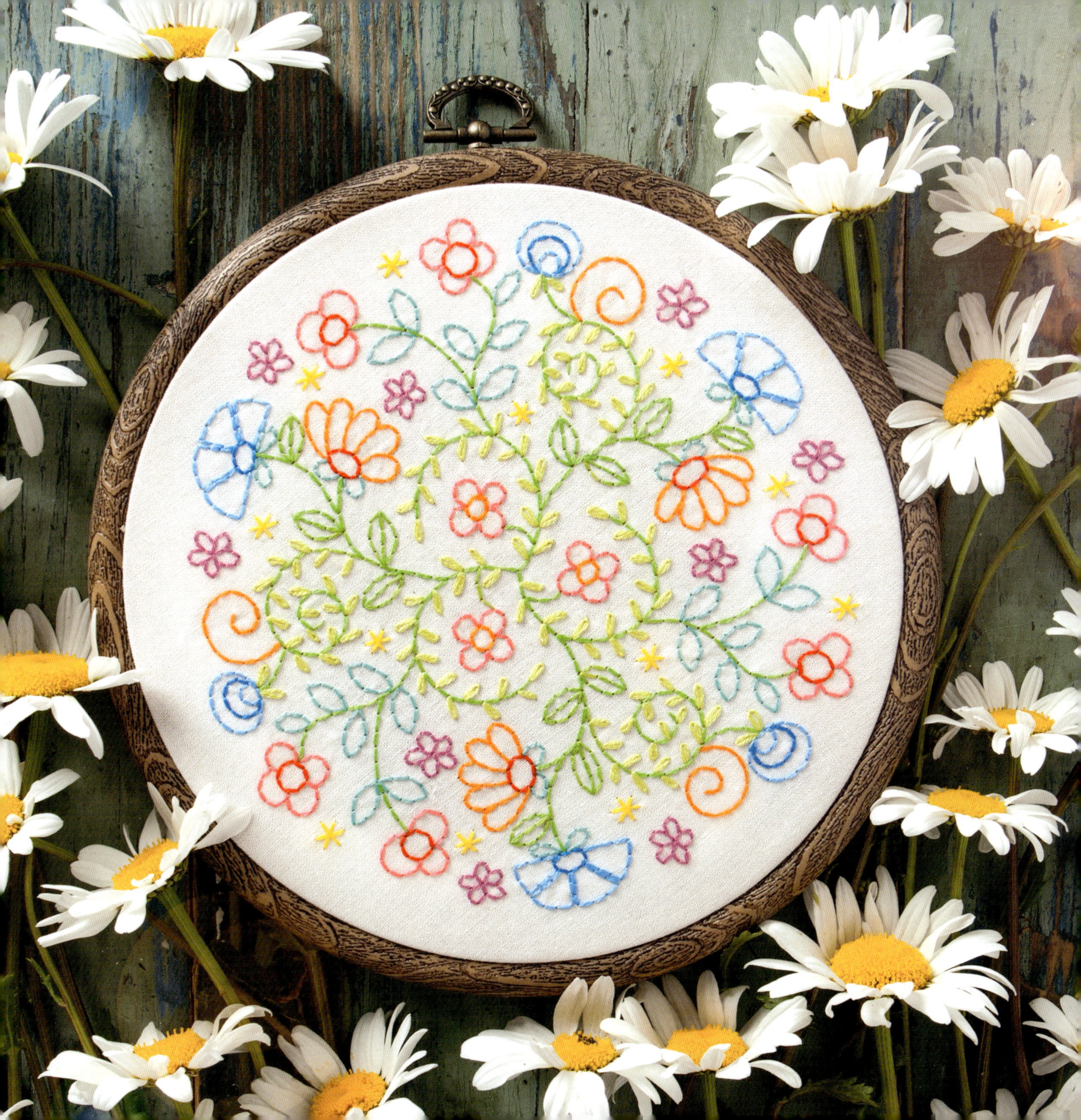

12

Blühende Zweige

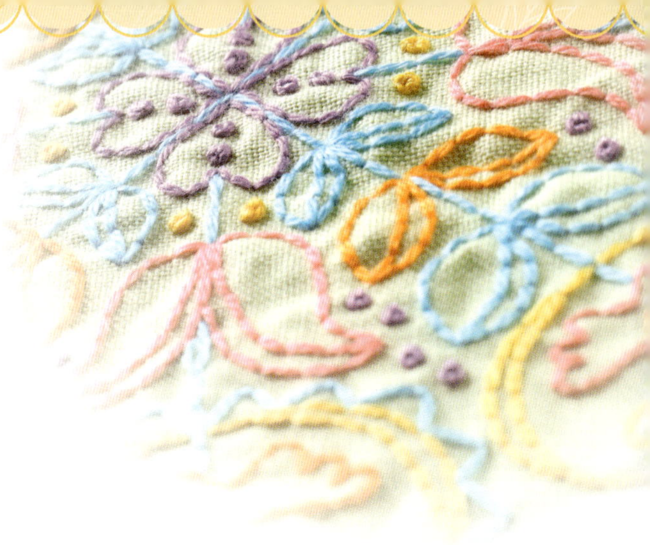

Vögel sitzen gerne auf den Zweigen blühender Bäume. Lass dich von diesen Frühlingsvorboten inspirieren und gestalte sie in leuchtend schönen Farben.

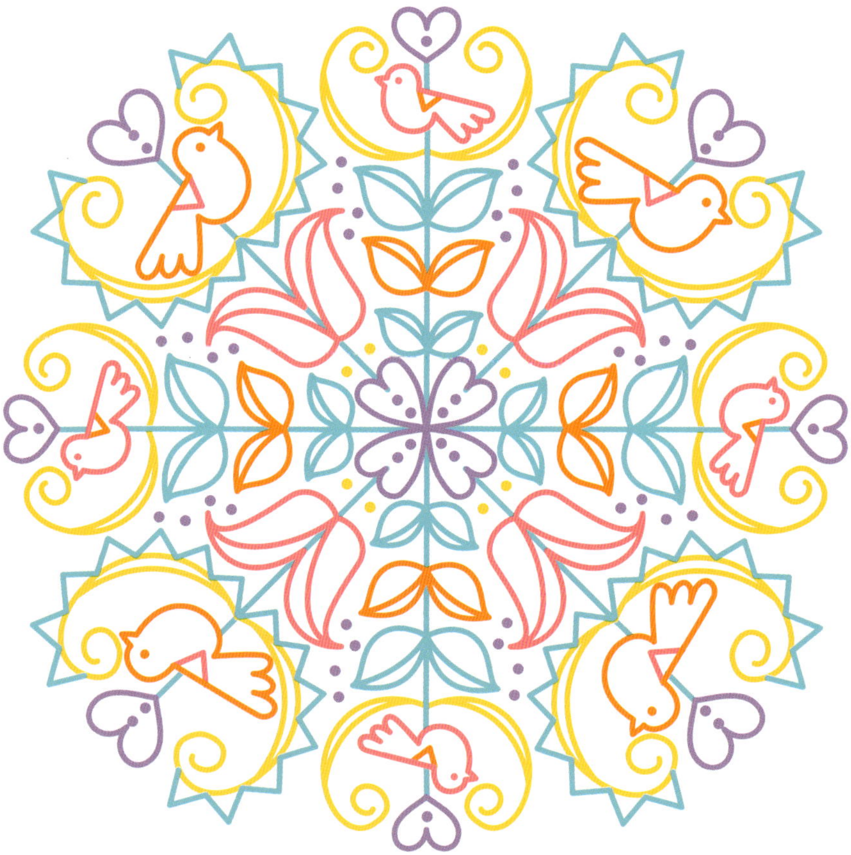

Tipps

Arbeite zuerst die Zweige und Blätter, dann die Blüten und Vögel. Sticke zum Schluss die Knötchenstiche.

Stickstiche

Rückstich

Fliegenstich

Knötchenstich

DMC-Farben

553 740 956 973 3846

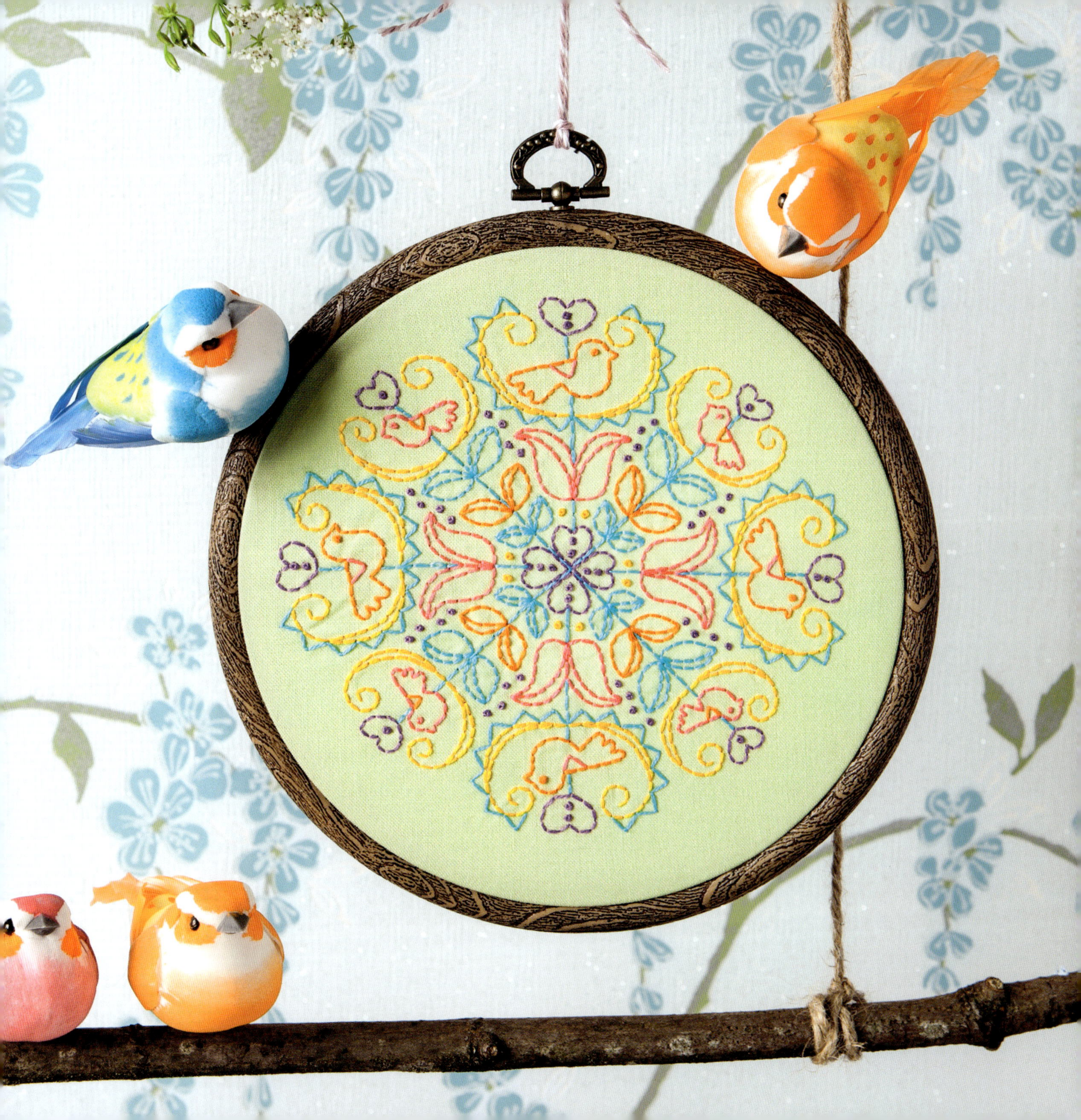

13-16

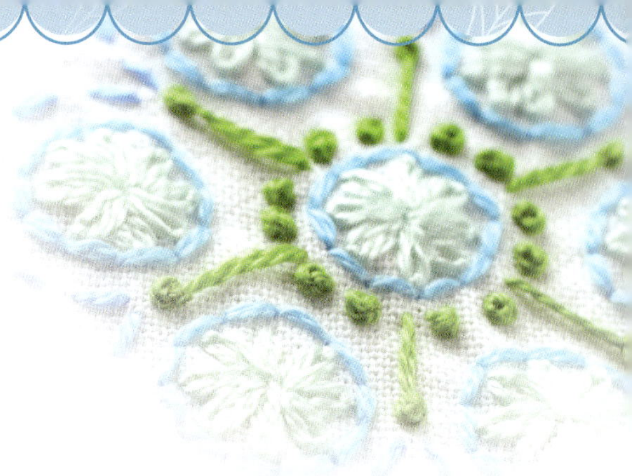

Die Entdecker

Vom Vertrauten bis zum Exotischen, vom ganz Nahen bis zum weit Entfernten – Entdecker berühren unseren Geist und unsere Herzen, sei es durch winzige Atome oder wenn sie über der Erde schweben.

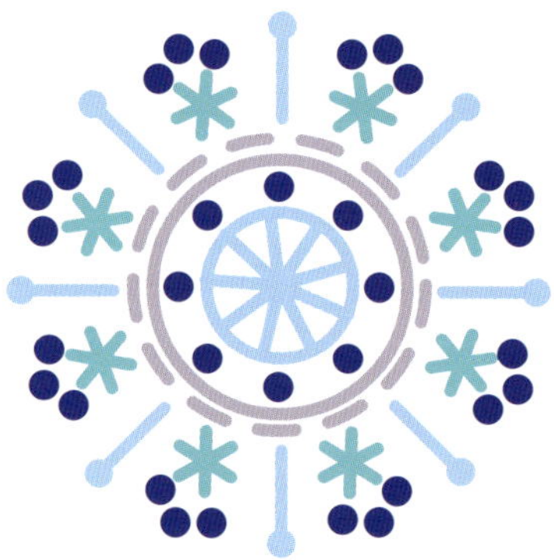

Maggie

796 996

3846 E317

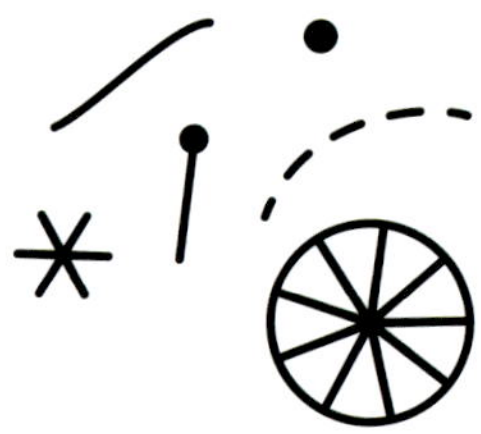

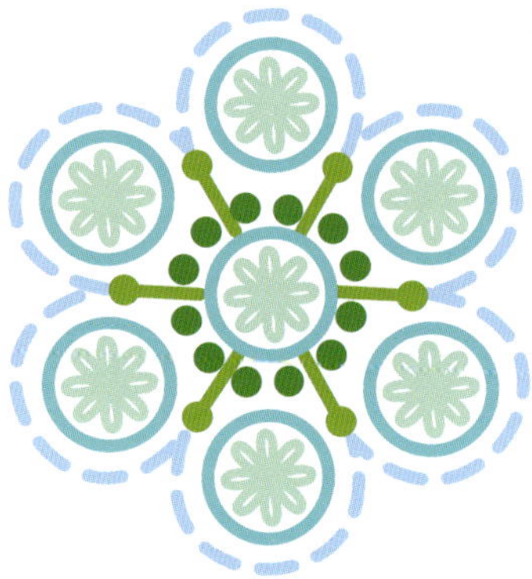

Sophia

704 964

996 3846

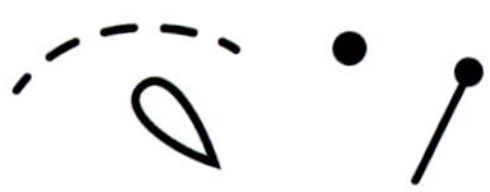

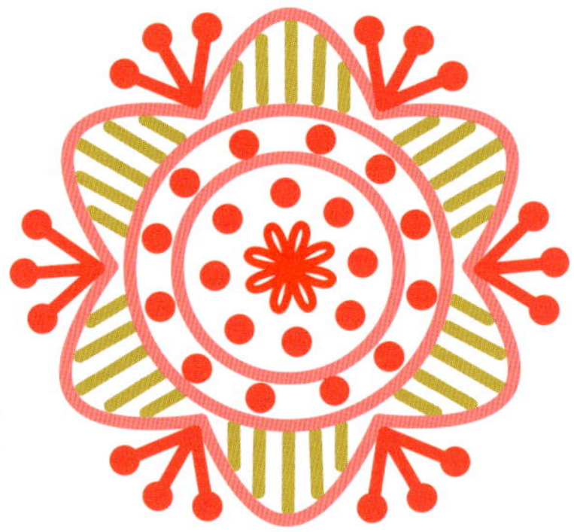

Valentina

666 956

E3852

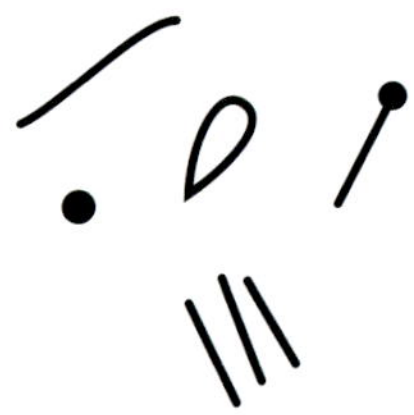

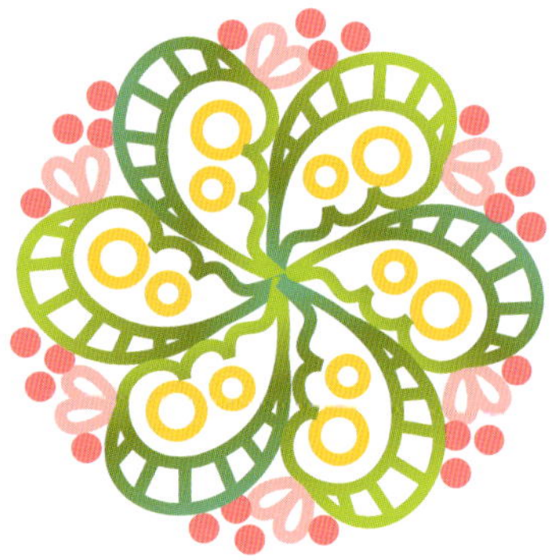

Isabella

956 957

973 4050

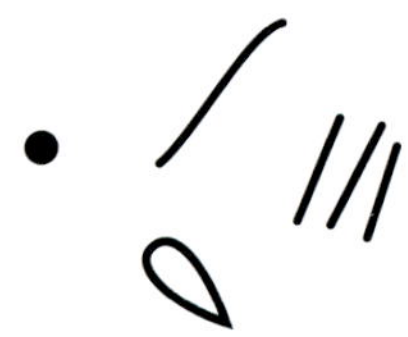

Tipps

Bei diesen Motive beginnt man am besten mit den fortlaufenden Stichen – dem Rückstich oder dem Vorstich – und fügt dann die Einzelstiche wie den Knötchen-, Margeriten- oder Stempelstich hinzu.

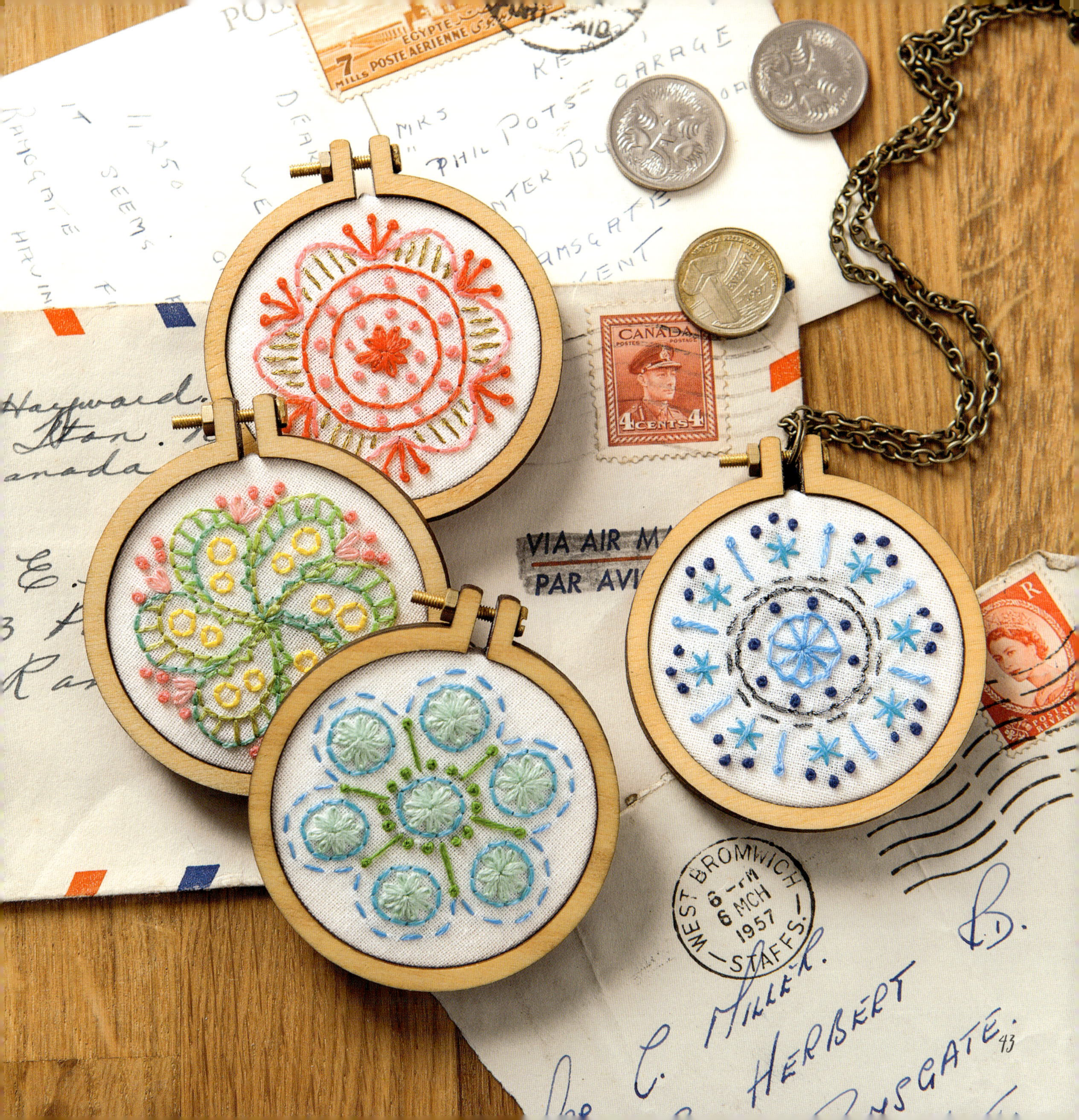

EGYPTE
POSTE AERIENNE
7 MILLS
CANADA
4 CENTS 4
VIA AIR MA
PAR AVI
WEST BROMWICH
6 MCH
1957
STAFFS.

17-20

Die Gärtner

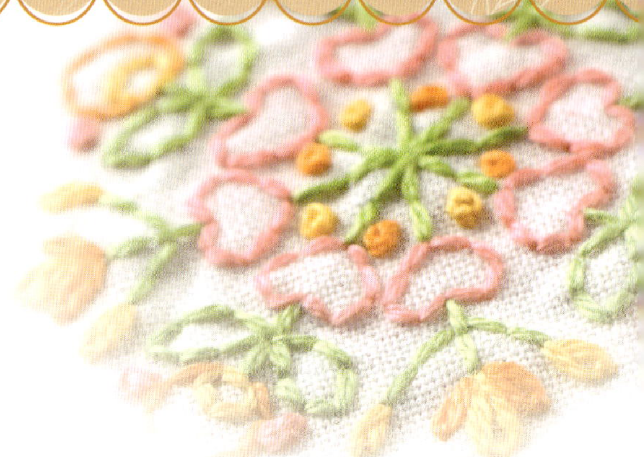

Diese Mandalas feiern das Leben im Garten: die Samen, die wir aussäen, und die Blumen, die wir anbauen; die Tiere, die sich dort ansiedeln, und die Vögel, die darin herumfliegen.

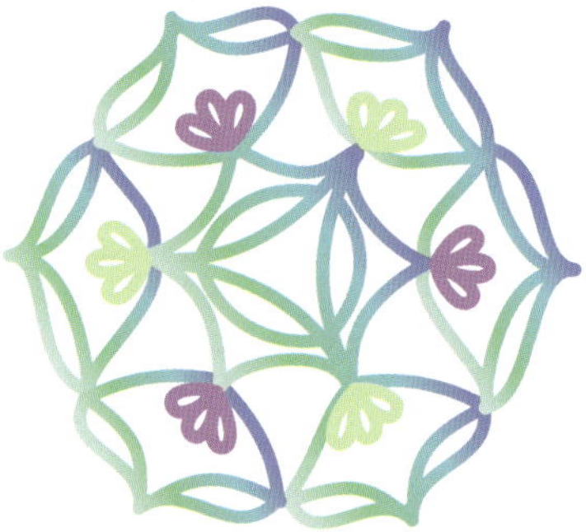

Ada

553 955

4030

Edith

741 907

956 972

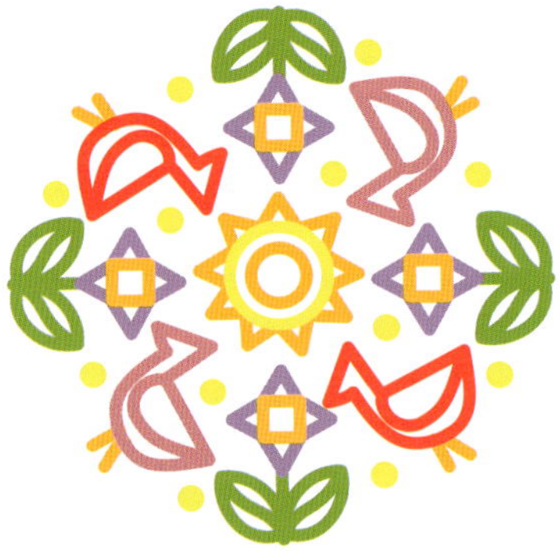

Caroline

307 553

666 704

899 972

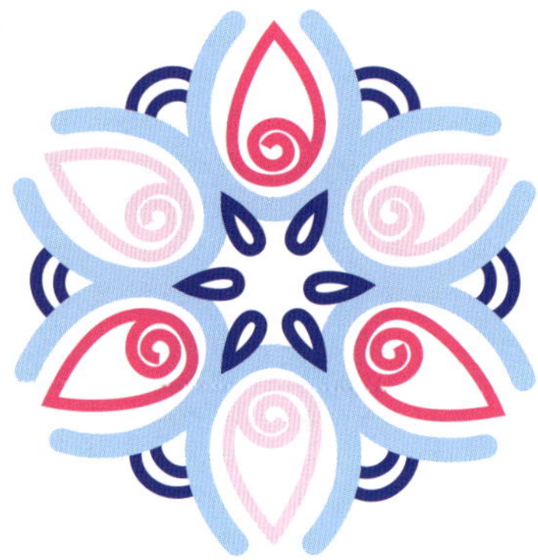

Lucia

796 600

996 3608

Tipps

Bei diesen Motiven beginnt man am besten mit den fortlaufenden Stichen – dem Rückstich, dem Kettenstich oder dem Vorstich – und fügt dann die Einzelstiche wie den Knötchen-, Margeriten- oder Flachstich hinzu.

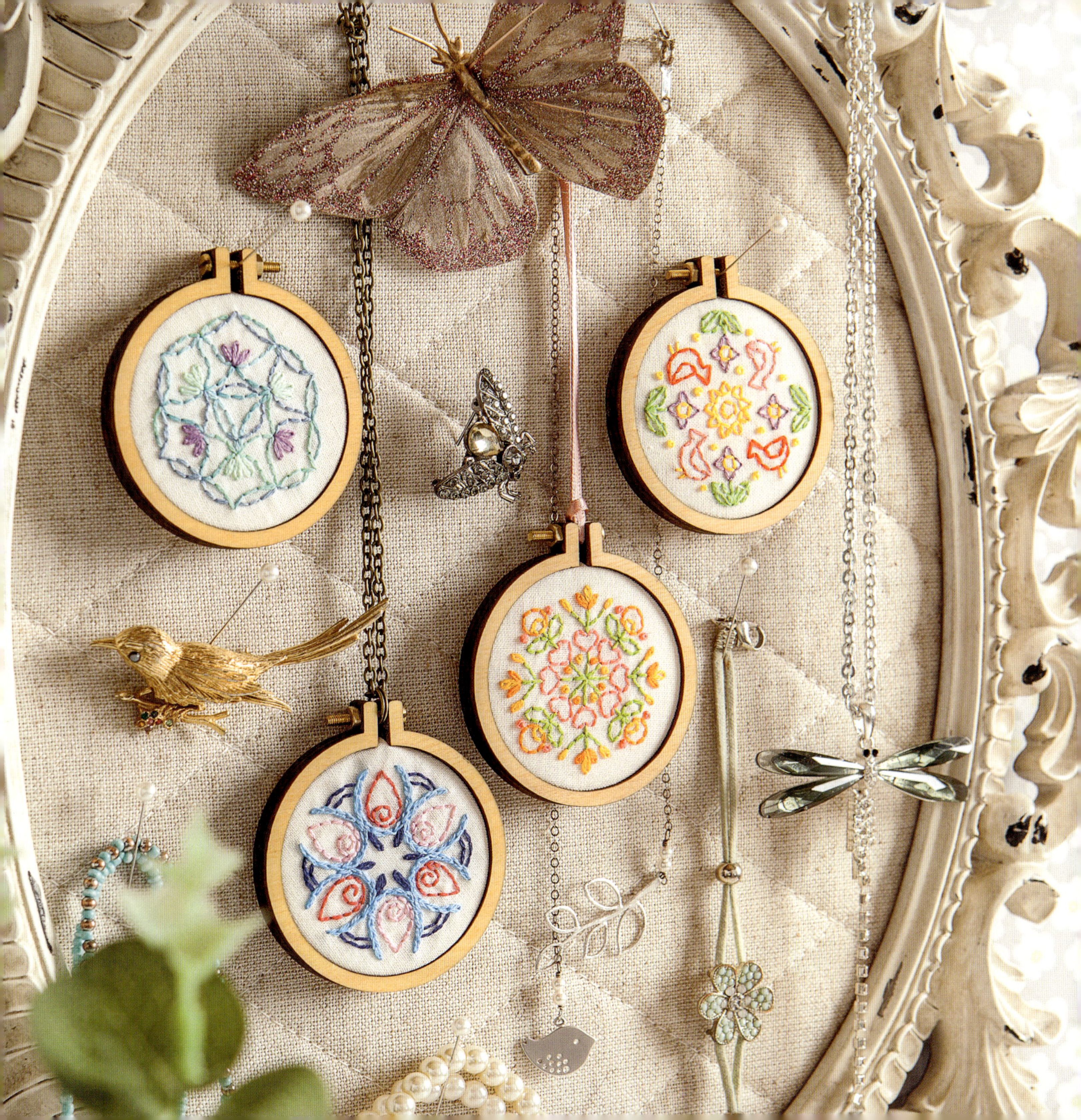

21-24

Die Künstler

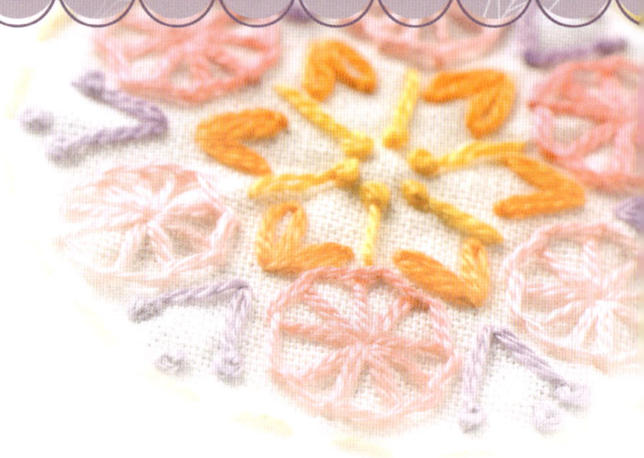

Finde mit diesen leuchtenden, bunten Mandalas deinen inneren Künstler. Lass dich von ihrer Energie zu Farben und Mustern inspirieren.

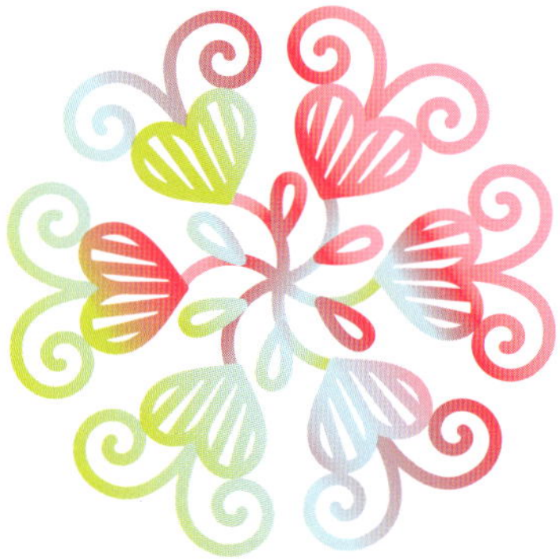

Emma

4502

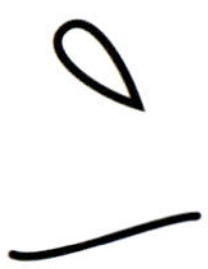

Henriette

740 956

3819 3846

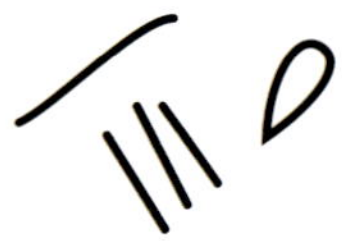

Marie

307 608

959 996

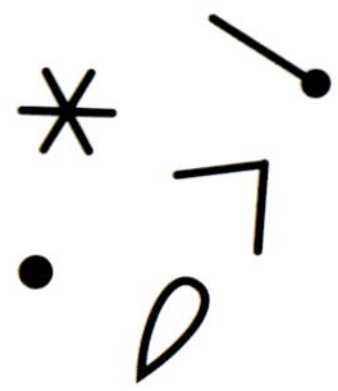

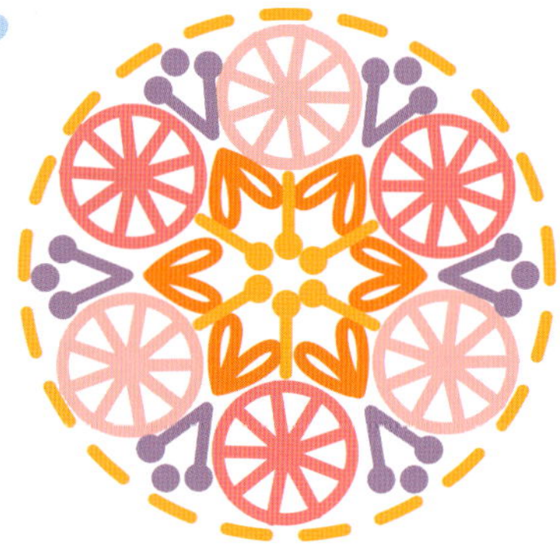

Nancy

553 740

956

957 972

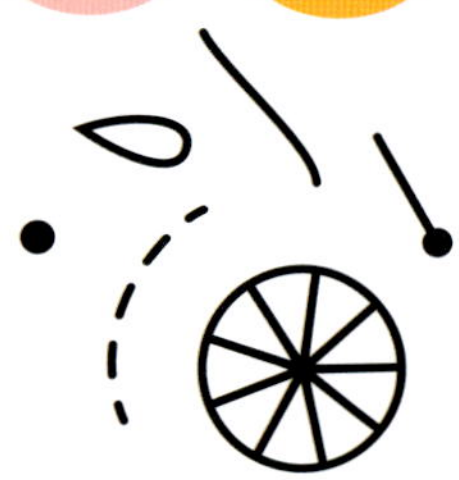

Tipps

Bei diesen Motiven beginnt man am besten mit den fortlaufenden Stichen – dem Rückstich oder dem Vorstich – und fügt dann die Einzelstiche wie den Margeriten-, Knötchen-, Stempel- oder Sternstich hinzu.

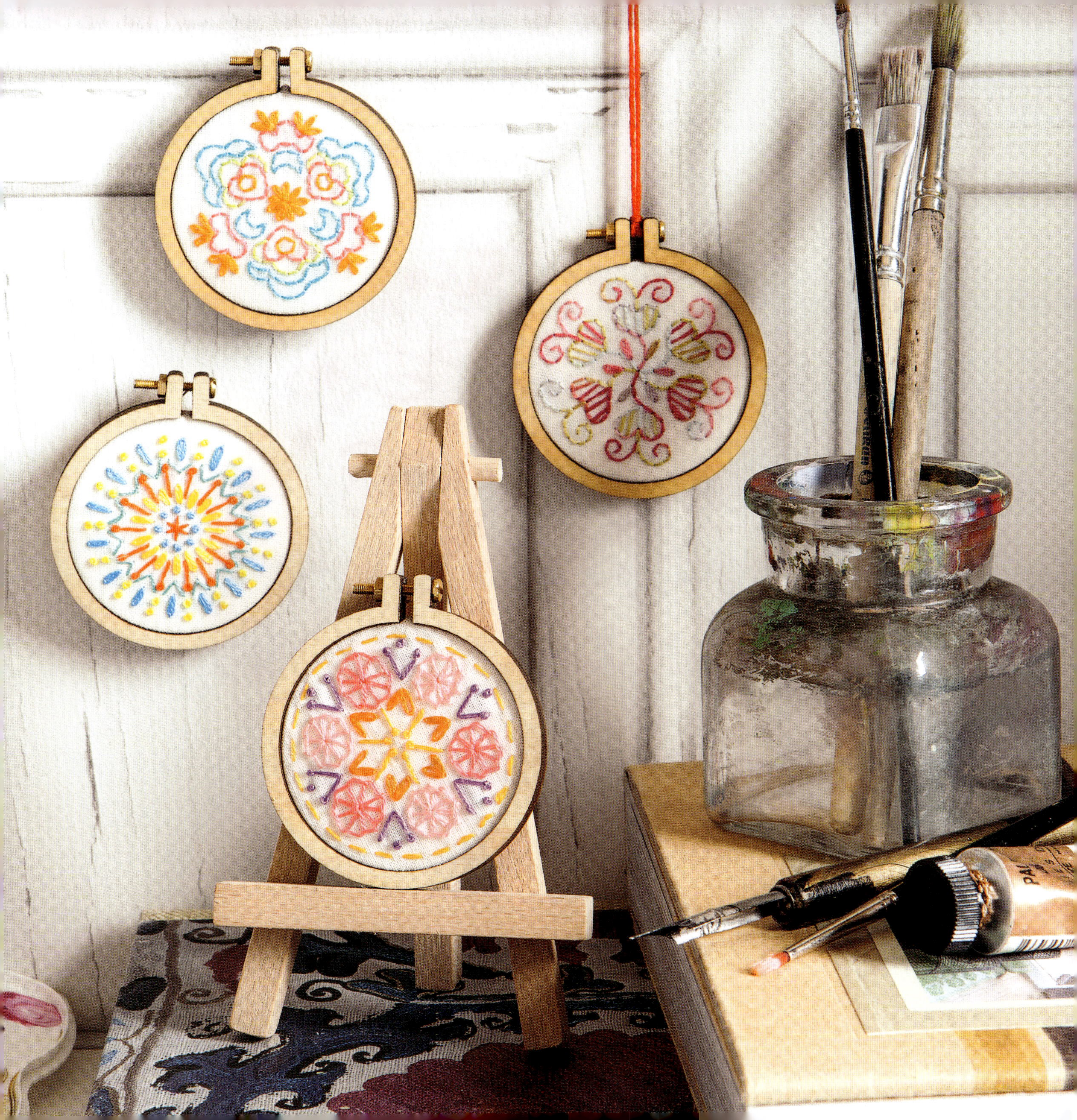

Motive übertragen

Du kannst die Mandala-Motive mithilfe der Transferbögen auf den folgenden Seiten auf Stoff übertragen, die Nummern beziehen sich auf die Anleitungen der Seiten 18–47. Die Transferfolien können bis zu zehnmal verwendet werden. Wenn du die Mini-Mandalas ausschneidest, solltest du möglichst viel Papier um das Motiv herum stehen lassen. Anschließend kannst du die Transferfolie in der Tasche auf der hinteren Umschlagseite aufbewahren, damit sie bis zur nächsten Verwendung gut verstaut ist. Übertrage die Motive mit einem ganz normalen Bügeleisen (ohne Dampf) und stelle die Hitze auf „Baumwolle“ ein. Es sollten nur Stoffe verwendet werden, die die Hitze des Bügeleisens aushalten. Am besten funktioniert die Übertragung der Motive auf helle Stoffe. Bei dunkleren Stoffen musst du vielleicht auf andere Methoden wie unten erklärt zurückgreifen.

Bedenke, dass die Tinte der Folien beim Waschen auf dem Stoff ausbleicht, aber nicht vollständig verschwindet. Achte daher beim Arbeiten darauf, dass du auf den Linien stickst und die Linien unter dem Garn verschwinden.

Wenn du kein Bügeleisen benutzen möchtest, kannst du das Motiv auch kopieren, die Kopie an ein Fenster kleben, den Stoff darauf befestigen und dann die Linien mit einem wasserlöslichen Stift durchpausen. Bei dunkleren Stoffen kann man auch weißes Transferpapier verwenden. Lege das Transferpapier mit der Transferseite nach unten auf den Stoff, platziere das ausgedruckte Motiv darauf und ziehe die Linien mit einem wasserlöslichen Filzstift, Kugelschreiber oder Bleistift nach.

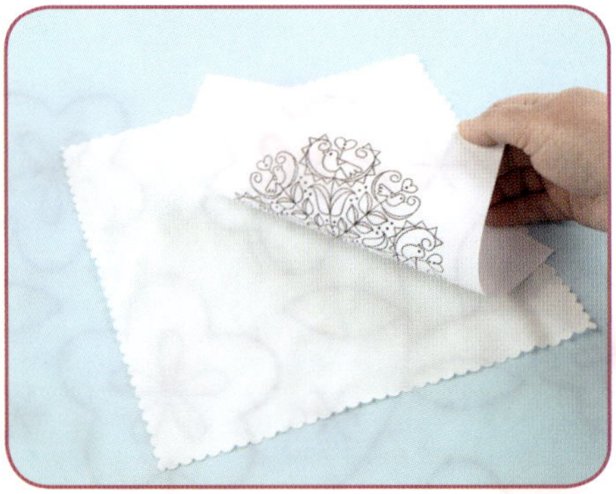

1 Das Motiv aus der Transferfolie ausschneiden. Den Stoff bügeln, dann die Folie mit der Tinte nach unten auf die rechte Stoffseite legen.

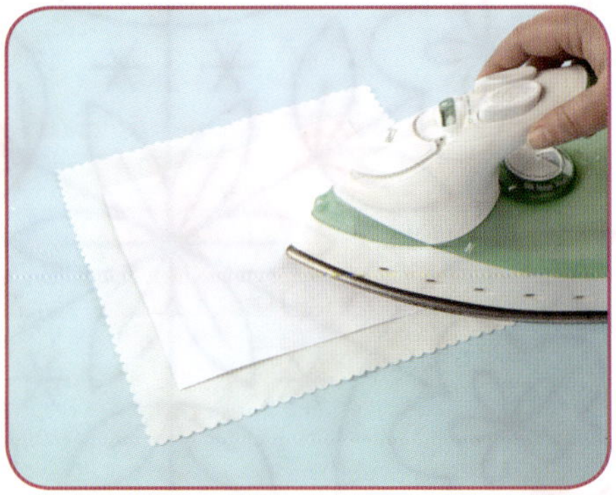

2 Das Bügeleisen auf den Bereich mit dem Motiv platzieren und etwa 10 Sekunden andrücken. Das Bügeleisen nicht bewegen, damit das Motiv nicht verschwimmt.

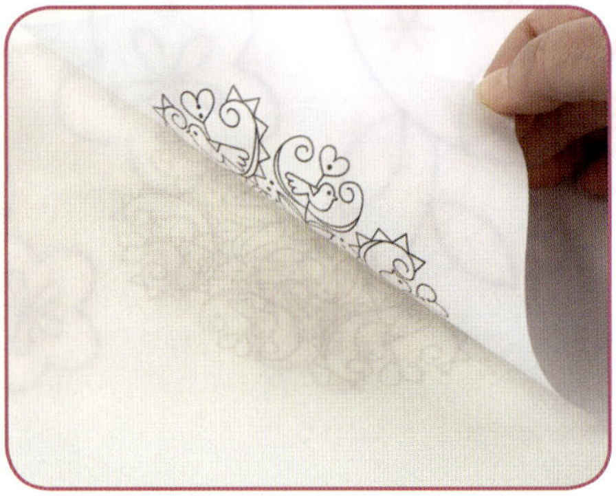

3 Vorsichtig eine Ecke der Transferfolie anheben und prüfen, ob das Motiv übertragen wurde. Falls nicht, das Bügeleisen noch etwas länger daraufstellen oder die Temperatur höher schalten und es noch einmal versuchen. Wenn das Motiv auf den Stoff übertragen wurde, die Folie abziehen und den Stoff zum Sticken in einen Stickring spannen.

1

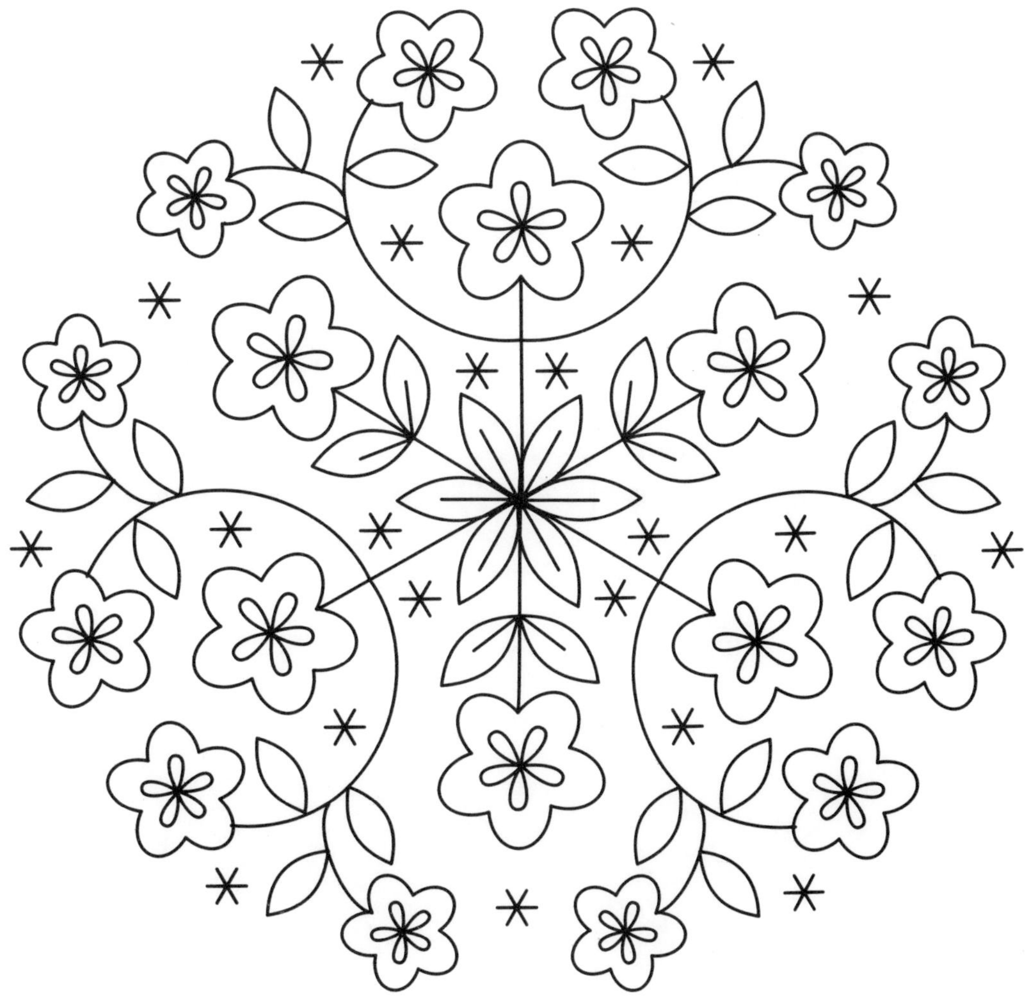

2

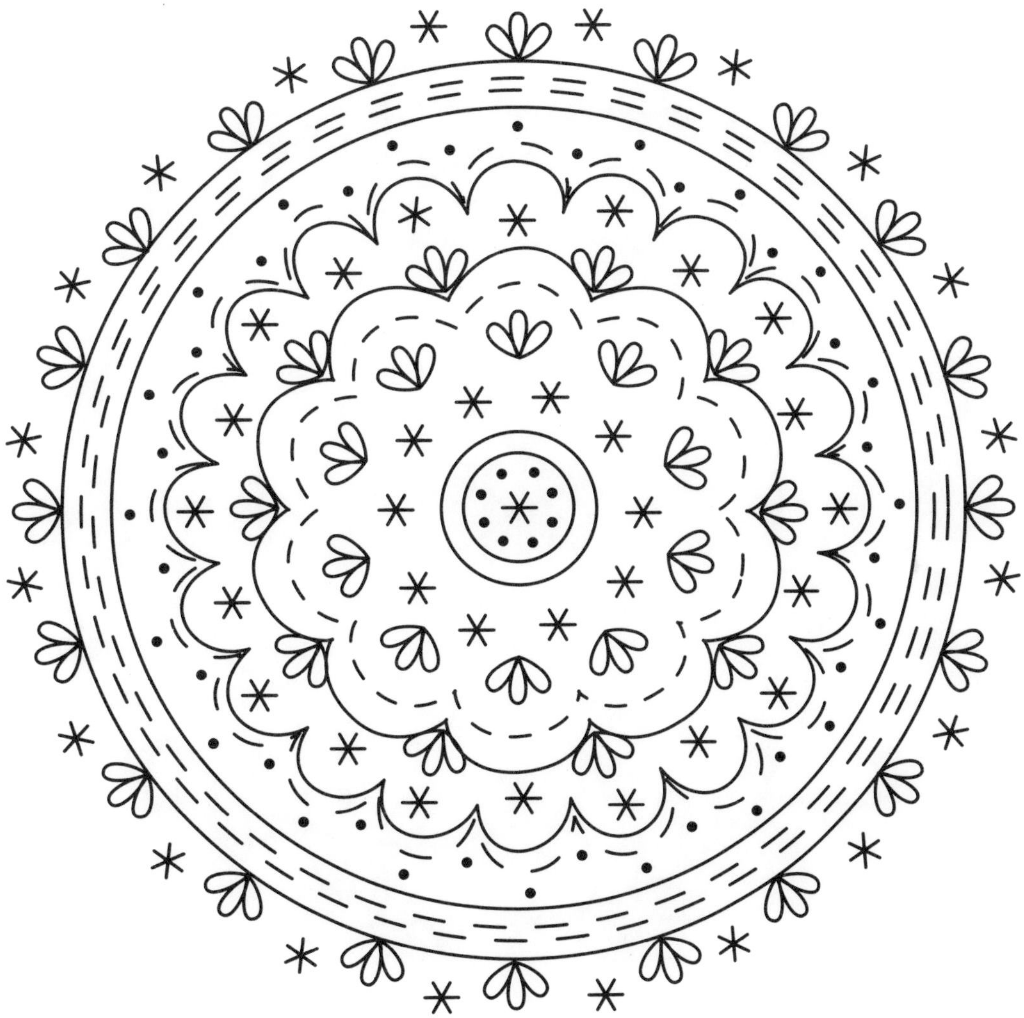

3

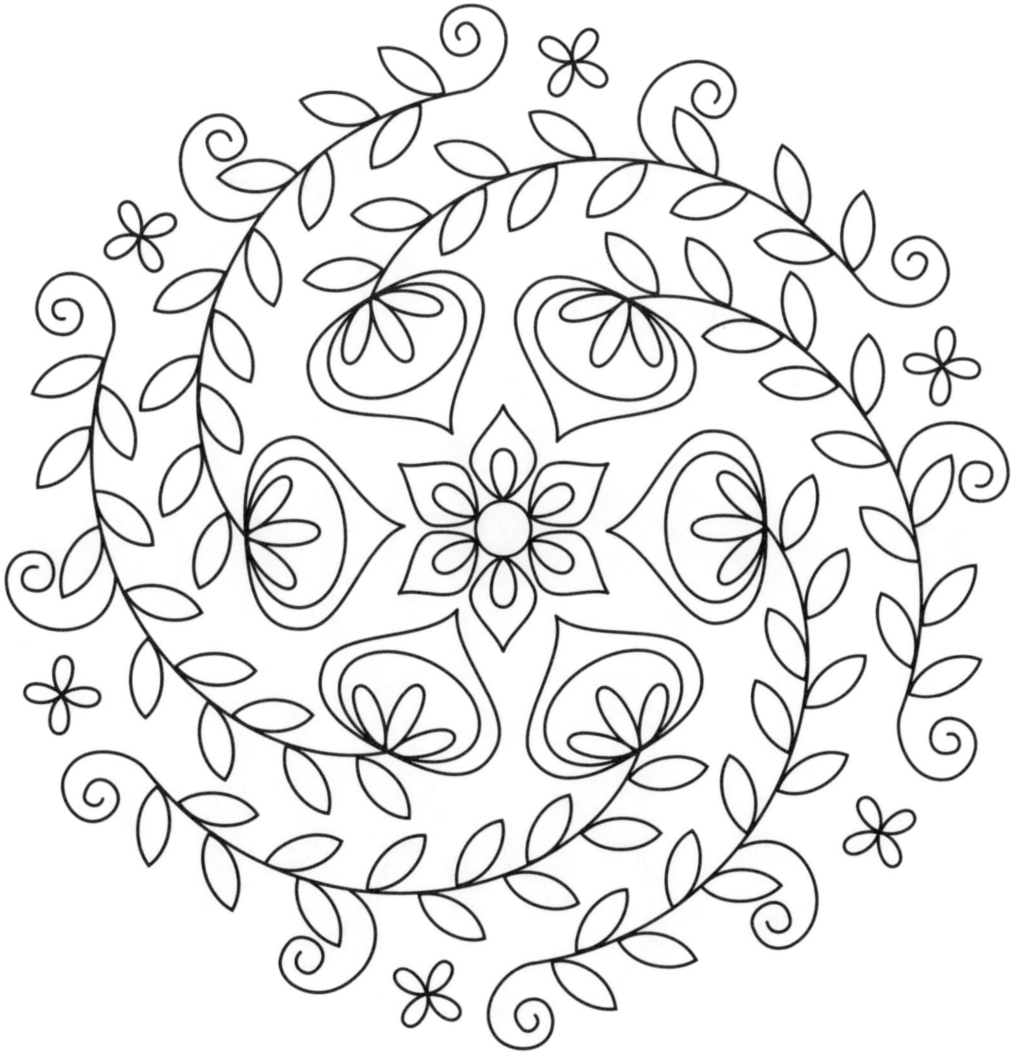

4

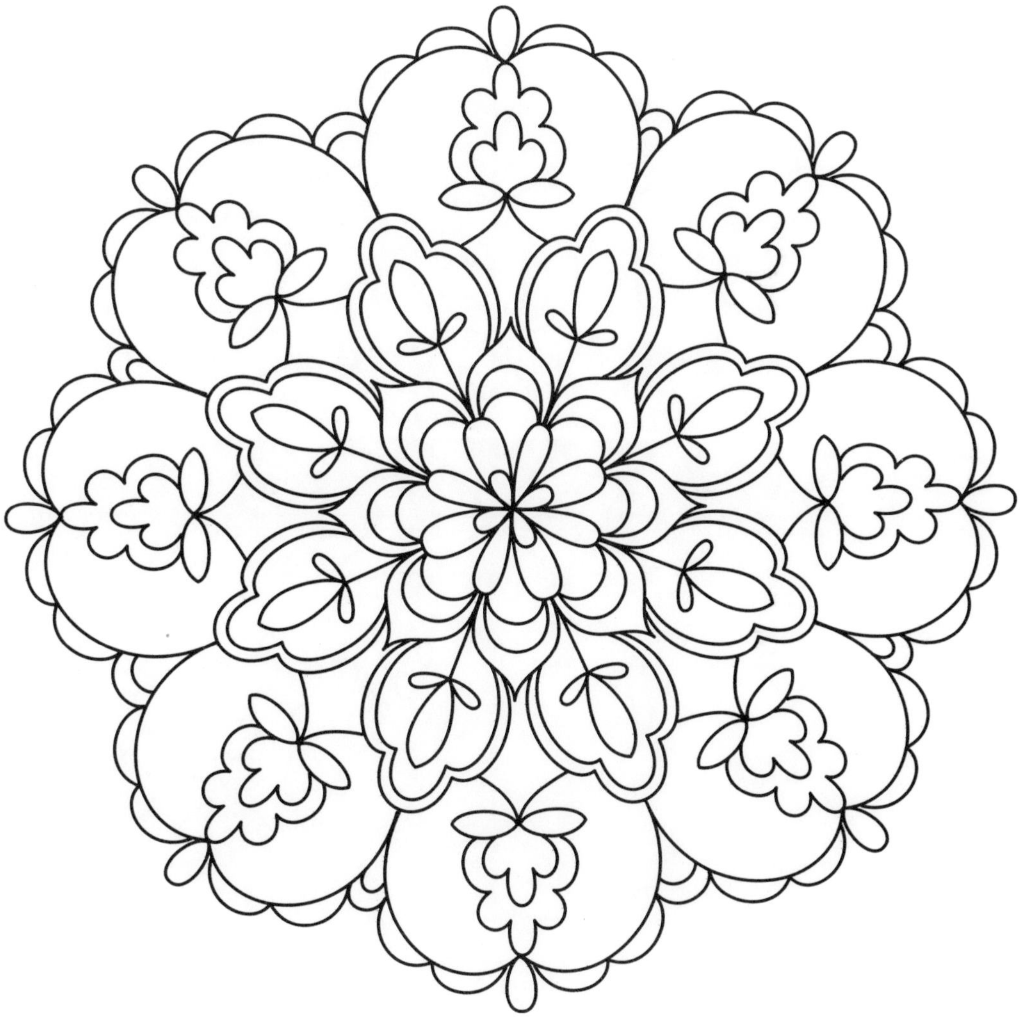

5

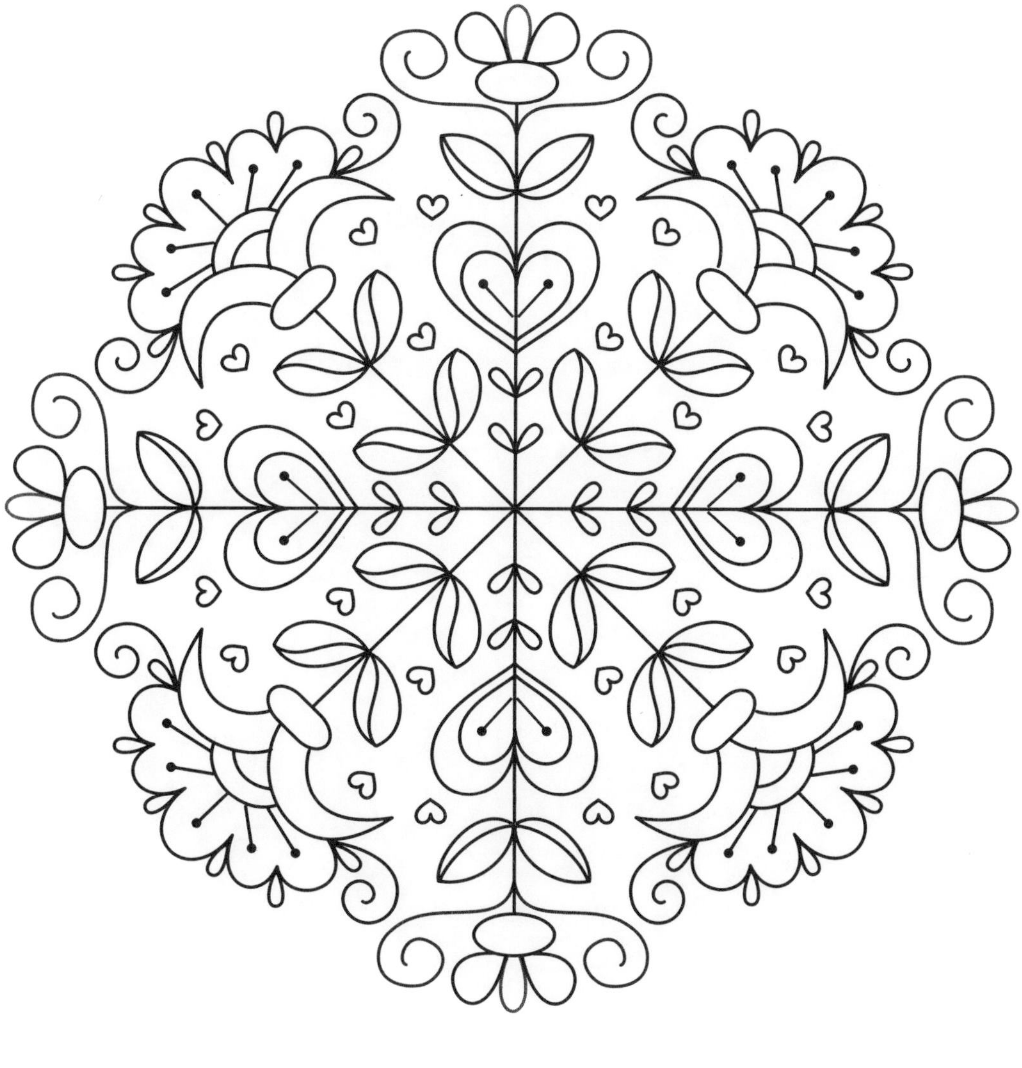

6

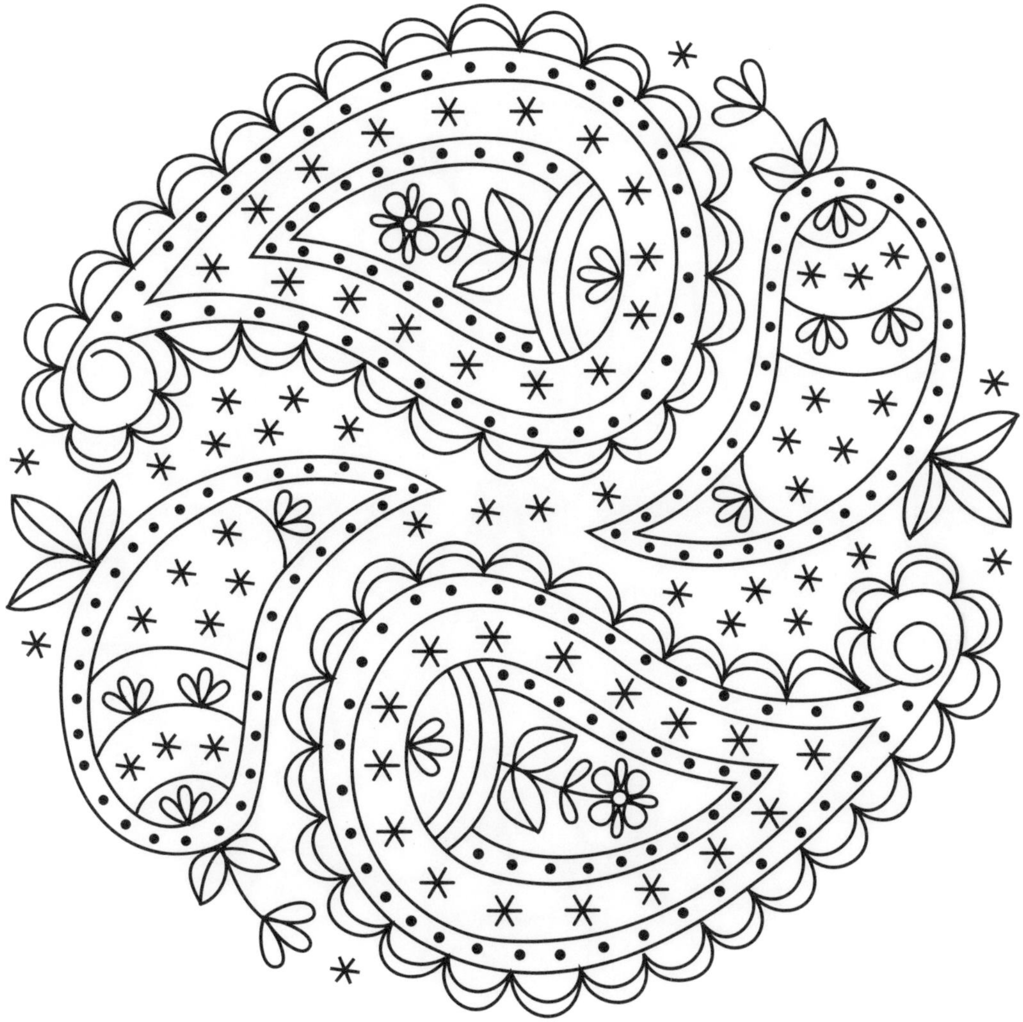

7

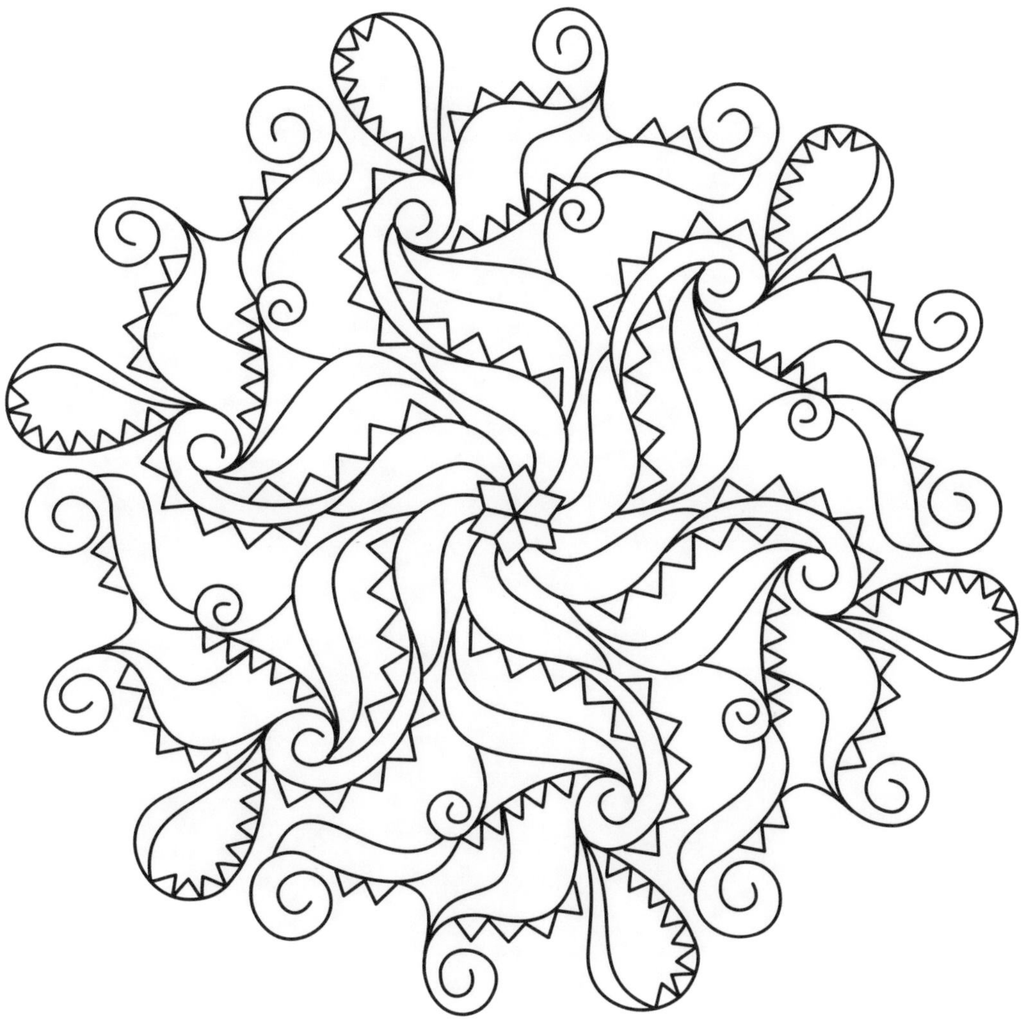

8

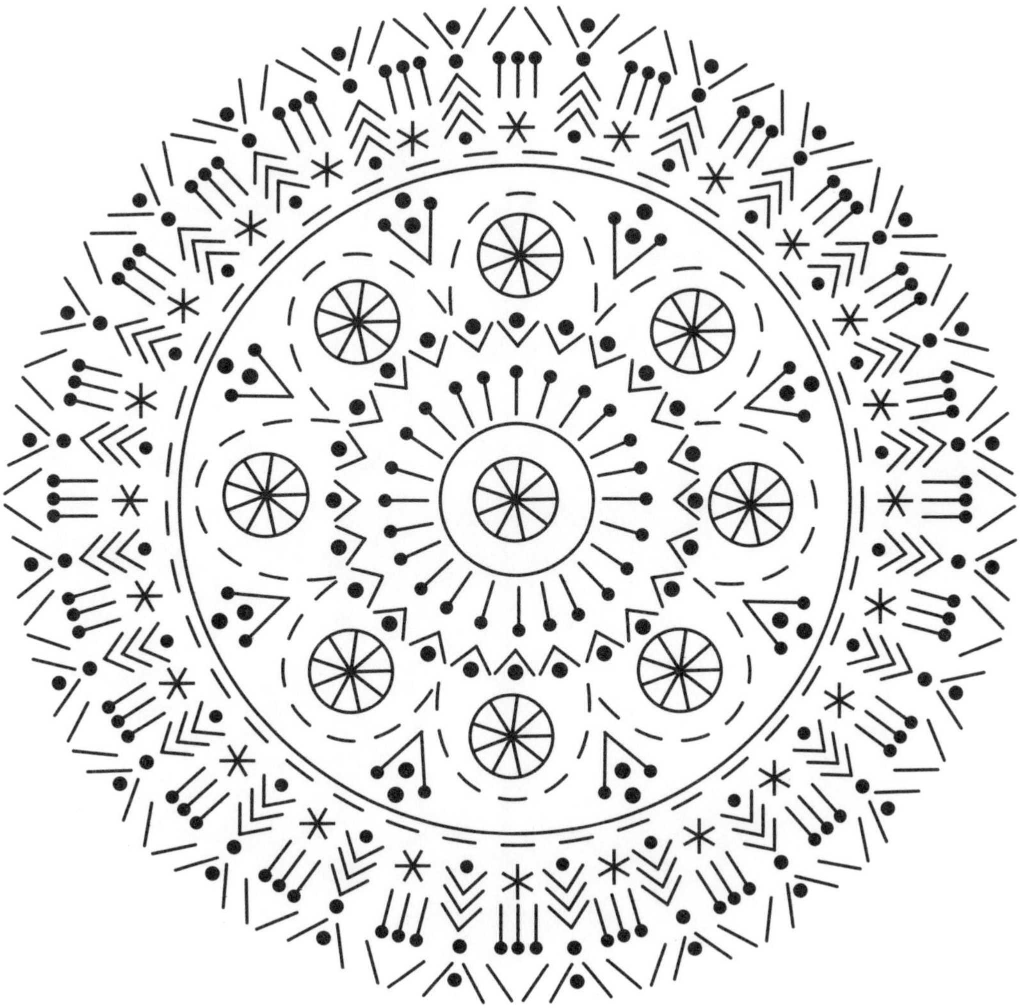

9

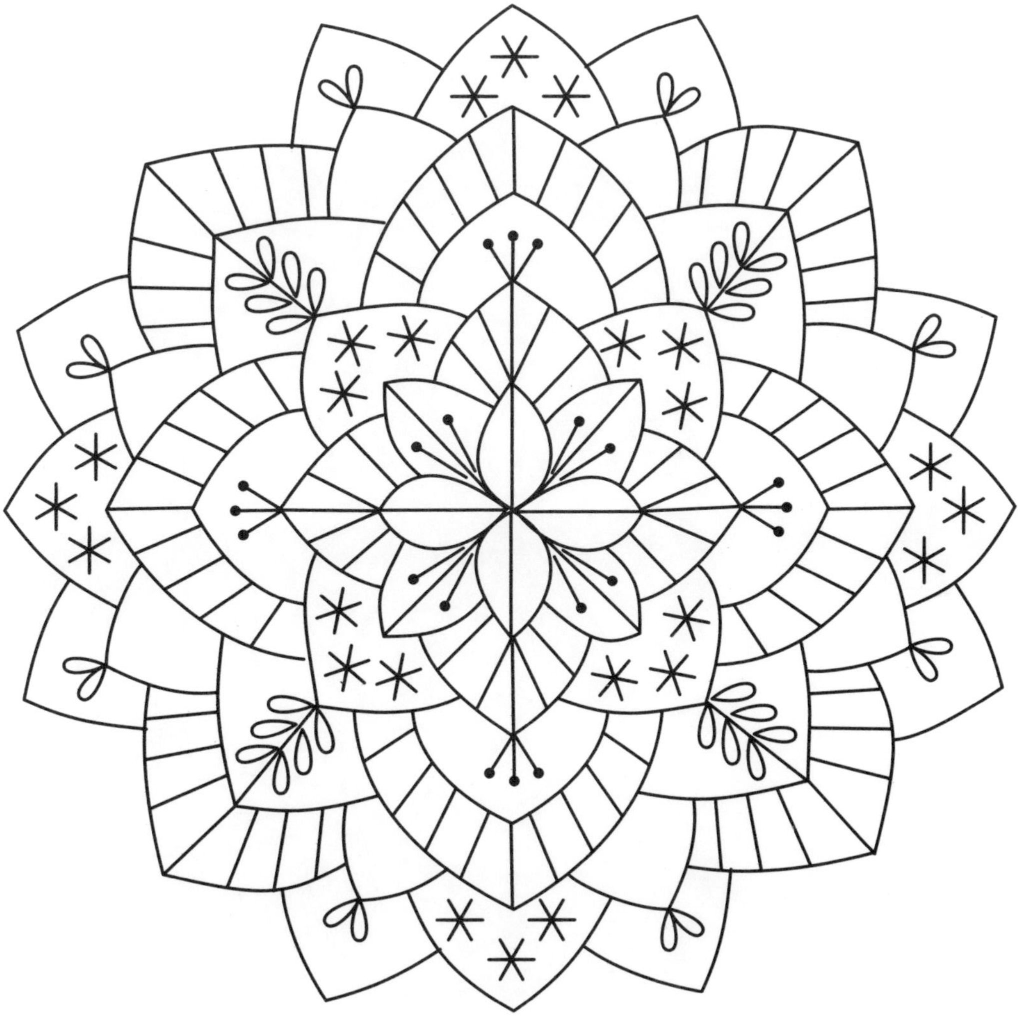

10

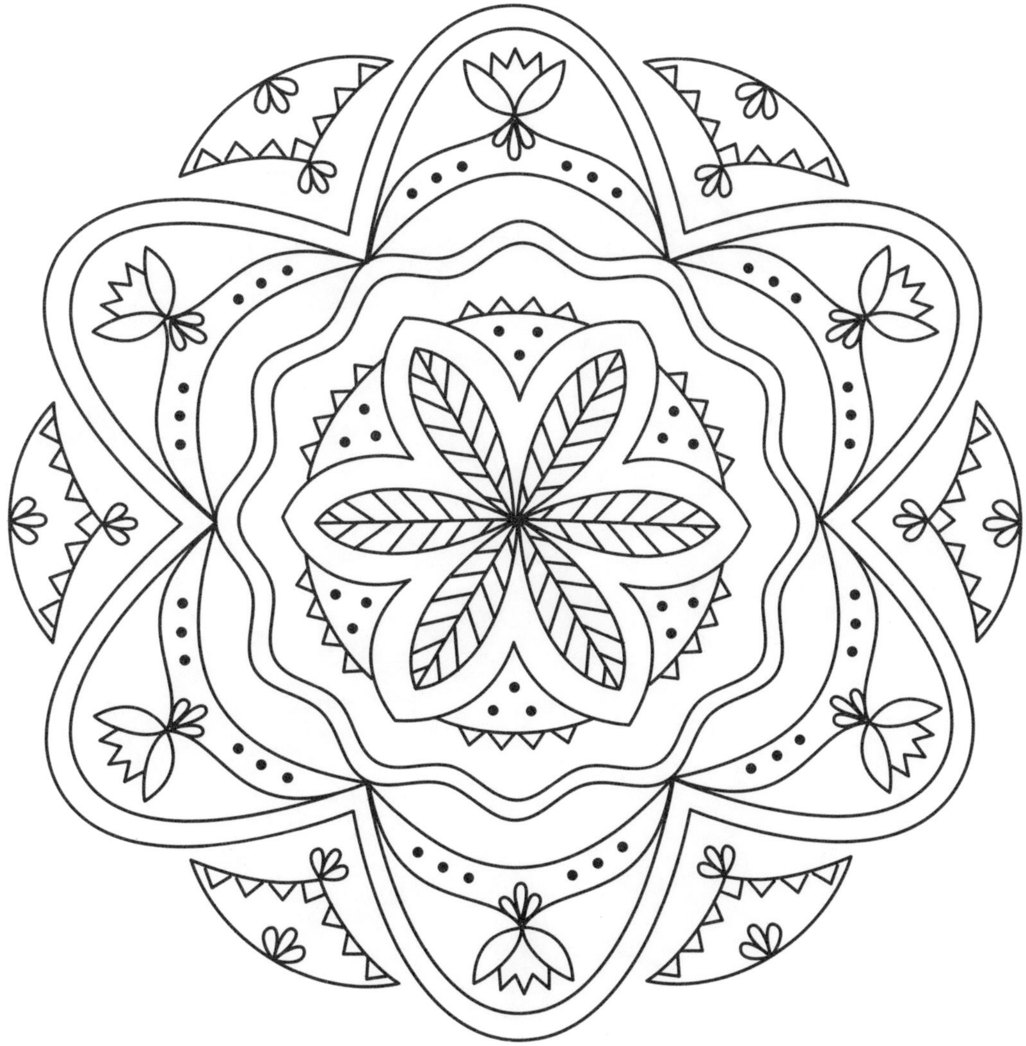

11

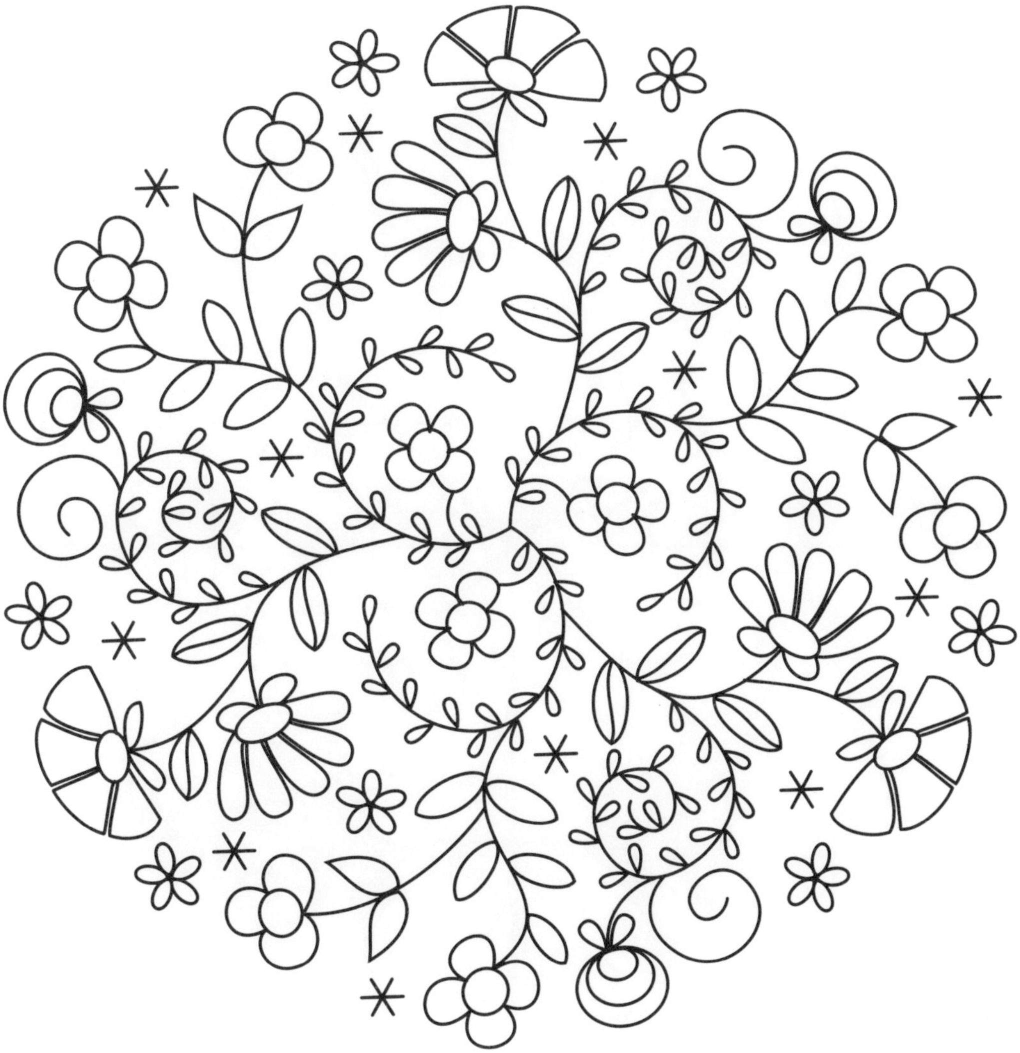

11

12

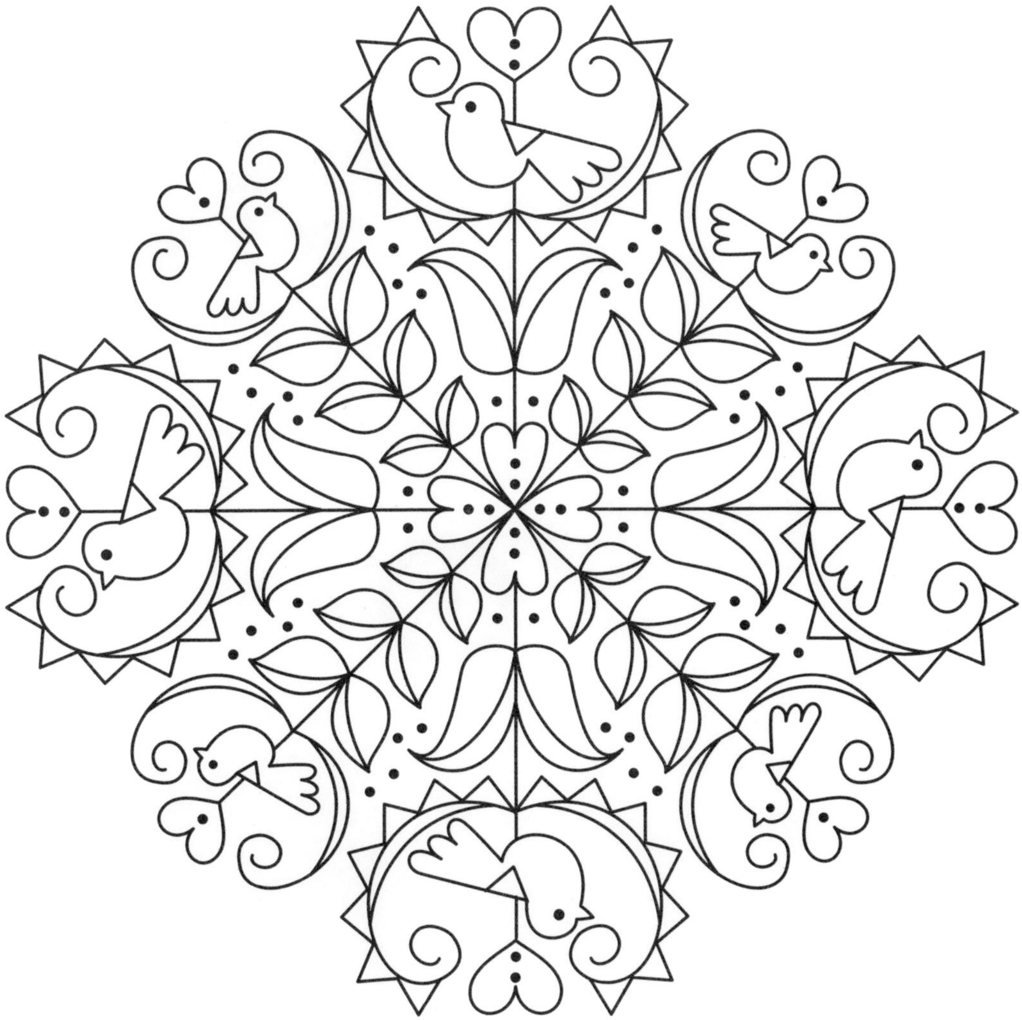

13

14

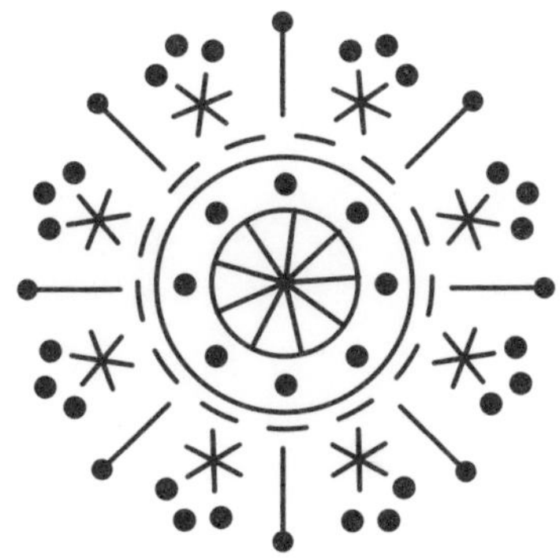

15

16

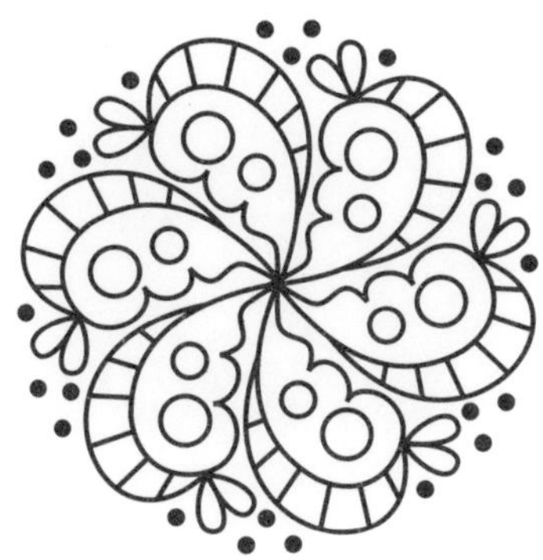

17

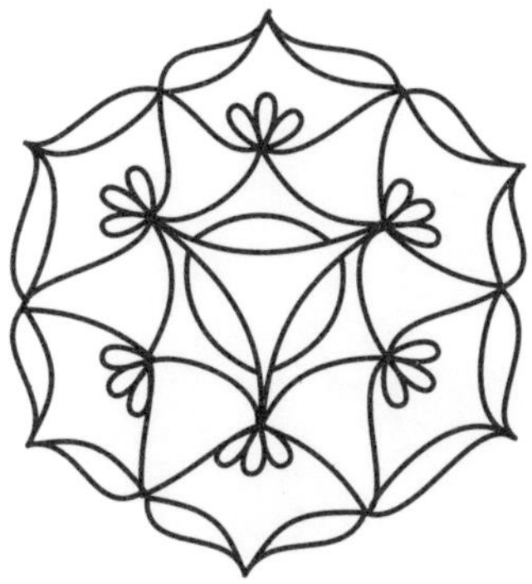

18

19

20

21

22

23

24

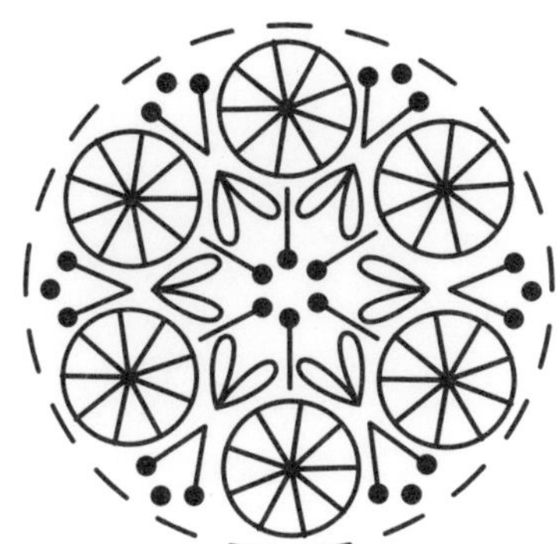

Aurora-Blüte

Bei diesem letzten versteckten Mandala kannst du dich ganz in deine Stickarbeit vertiefen. Übertrage die Aurora-Blüte auf ein Stück Stoff deiner Wahl, sticke die äußeren Umrisse im Rück- oder Kettenstich und beginne dann zu experimentieren: Füge Sterne, Blumen oder andere Formen hinzu und gestalte ein ganz individuelles Motiv.

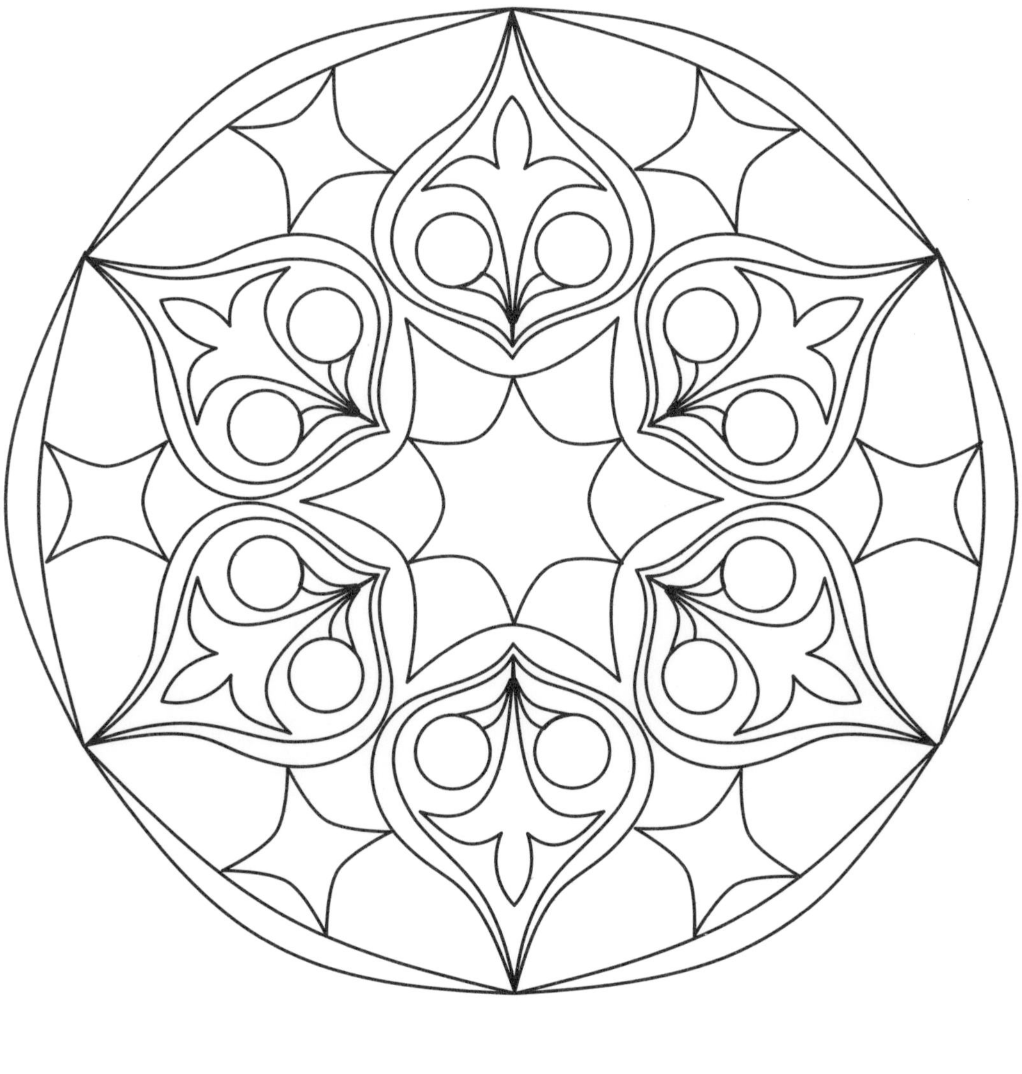